香港飲食遊蹤

黃家樑　區志堅
曾漢棠　黃朗懷
著

推薦序：茶餘飯後聽故事

自己喜歡飲食，與香港飲食相關的，都希望能多了解，多出分力，當下就答應為《香港飲食遊蹤》寫些文字。後來越想越覺得不妥當，自己何德何能為他人寫序呢？只好一如以往，抱持學習姿態拜讀。

收到書稿後發現，本書的作者有好幾位，各有身分，經驗不一，從文化、飲食、粵語方面，述說香港種種常見、常吃、常說的生活元素。看幾位作者的整理和行文，自己就像跟著好友，上午在茶樓飲茶，下午去「茶記」「食晏」，再去「半島」下午茶，夜晚去大牌檔食小炒，宵夜也可吃碗蛇羹。跟隨幾位好友，邊飲邊食，邊食邊談，餐桌故事多，怎麼能錯過？《香港飲食遊蹤》給我的就是這種感覺，好友相聚，你一言，我一語，真心交流，絕無戲場，說話可能聽漏，著作可以重溫。

《香港飲食遊蹤》的文章題目，經作者搜尋資料，加以述說，有根有據，清楚易明，加上豐富的剪報與照片，確是「有圖有真相」，要看文章，要找食肆，通通幫到你。香港的飲食文化，有些延續至今，有些已成往事，書中都有提到。我也是邊看邊學習，聽家樑講酒樓風月，漢棠補充大牌檔發展，志堅細說筵席的沒落，朗懷分享「細蓉」的典故。《香港飲食遊蹤》帶領大家遊過去與現在，穿梭飲食與文化，從閱讀到品嚐，再回頭細味香港獨特的飲食文化。大家不妨像我一樣，提書打開，一齊坐低，「飲啖茶，食個包」，細聽香港的飲食故事。

蕭欣浩

2023 年 6 月

前言

撰寫《香港飲食遊蹤》的過程，可說是一場爭分奪秒的時間競賽，有一種無法言喻的緊迫感。從下筆至成書期間，屹立近一世紀、名滿香江的蓮香樓因不敵疫情而倒閉；經營超過 50 載、以乾炒牛河聞名的花園街富記粥品光榮結業；60 年老字號、米芝蓮推介的糕點店深水埗坤記，因店主年事已高而宣佈結業；擁有 90 年歷史的中環雲咸街老派港式西餐廳占美廚房，在疫情期間宣佈結束；被譽為香港最古老的中式糖水店源記甜品專家，結束了它 167 年的光輝歲月。各式著名食肆，一間接一間倒下，回憶中的美味一去不復返，對於熱愛香港歷史的人士，對於喜歡各式懷舊美食的老饕來說，不勝唏噓。當然，本書內容也因此不斷改動，「與時並進」，數易其稿，開展一場與時間的競賽。因是之故，筆者只能保證在交稿之際，書中食肆尚在經營，惟望讀者可及早按此書所示，按圖索驥，尋訪書中食店，否則遲了出動，與美食緣慳一面，只可說一句「無可奈何」！

事實上，更令人憂心的是，不少知名食府、歷史名店、特色食肆，觸目所見，或店主夥計年事已高，或位處快將重建的舊樓，或因經濟因素和時代洪流而門可羅雀，恐怕早晚會傳來結業的「噩耗」。幸好，否極泰來，近日蓮香樓據聞已有人接手經營，一度停業的美都餐室重新營運，而本書的出現，正是要為這些艱苦經營的舊式食肆，為香港飲食業的歷史，為每一款港人珍而重之的美食，為香港人的集體回憶，追本溯源，留下歷史記錄。

除了為歷史回憶留下記錄，本書的寫作亦望辨識眾多香港飲食史上的訛誤。此書最初的構思，只是進行資料整合和梳理，將網上和坊間找來的材

料，來一個「大雜燴」式的綜合和鋪陳。豈料讀到網上浩如煙海的飲食史資料後，發現錯漏之處竟然不少，互相矛盾和有違常識者實比比皆是；至於名家學者的著作，亦有不少可以深究之處。有見及此，筆者惟有改弦易轍，以「史料」為本，大量搜羅原始資料，上至歷代典籍、詩詞文章，近至中外名人的回憶錄和書信，旁及報章雜誌的專欄、新聞與廣告，以及官方文件及報告等，力求「上窮碧落下黃泉，動手動腳找東西」，然後校勘比對，還原香港飲食史真貌。以香港第一間酒樓杏花樓為例，對於其開業年份，坊間有 1846、1847 和 1848 年三種說法，香港著名掌故專家魯金在《港人生活望後鏡》就以 1848 年的說法為準。筆者有幸在 1929 年 8 月 10 日的《華僑日報》中，找到杏花樓 83 週年的廣告，引證其成立年份應是 1846 年，算是為香港飲食史做了一些添枝加葉的工作。

至於其他飲食史史料上的辨識工作，本書亦盡力為之，力求實事求是。且舉例子一二如下：

- 一則 1879 年《德臣西報》有關雪糕小販深夜叫賣的法庭新聞，將雪糕在香港出現的歷史提早了數十年。

- 中環蘭香閣茶餐廳於 1955 年 4 月 3 日在《工商晚報》的開幕廣告，推翻了香港第一間茶餐廳蘭香閣成立於 1946 年的說法。

- 民國名人徐鑄成在 1932 年於香港吃揚州炒飯的軼事，無意間引證了昔日江南一帶只有雞蛋炒飯，其做法與香港和廣州流行加入蝦仁及叉燒的揚州炒飯截然不同。

- 港人至愛的小食蛋散，原來已有千年歷史，古代稱為「饊子」，連明代李時珍的《本草綱目》也有介紹。

- 香港人慣用「鱔稿」形容傳媒的宣傳稿件，據說源自《工商日報》編輯為南園酒家劏大鱔刊登宣傳稿。究竟這些鱔稿是否真的在《工商日

報》出現過?「鱔稿」的典故是否真有其事?

● 港人熟悉的墨西哥包,坊間傳聞由一間位於上海街的「麥西哥」餐廳所創製,究竟在現實中,這間餐廳又是否存在?

以上例子只屬冰山一角,香港飲食史上有待發掘、辨識和引證的地方,實在多不勝數。筆者不敢說已找到百分之一百肯定的答案,畢竟飲食史資料如汗牛充棟,現就所能接觸的提出個人思考和疑問,旨在引起有識之士後續研究,並為進一步的探索提供方向。

最後,本書之所以能夠成功面世,實有賴另外三位作者區志堅博士、曾漢棠博士、黃朗懷先生的合作,區志堅撰寫第一章盆菜和包辦筵席兩篇,曾漢棠與我合著第一章西菜東傳、西餐中國化、從冰室到茶餐廳三篇,黃朗懷與我合著第三章打冷、燉冬菇、炒魷魚、食軟飯、食白果、蛋散、賣大包等七篇;曾先生和黃先生也同時協助搜集部分材料和拍攝照片。此外,得飲食史名家蕭欣浩博士在百忙中為本書賜序,香港史專家陳志華先生相助提供書中一些照片,而三聯書店梁偉基先生對此書出版的鼎力支持,編輯朱卓詠小姐的悉心協助,張艷玲小姐及溫佩芳小姐居間聯繫,亦是功不可沒,筆者在此一併衷誠致謝。

黃家樑

目錄

Chapter 02 美食背後的歷史滄桑

Chapter 03 美食史裏的 香江舊語

Chapter.01

藏在食肆裏的
香港今昔

飲茶文化在香江——從「地踎」到「高樓」

飲早茶、吃點心的飲食文化，早已植根於廣東人生活裏。不少人每天必定要上茶樓，享受「一盅兩件」，跟家人好友相聚暢談。香港島開埠初期，來港謀生者多來自廣東，「飲茶」文化傳至香江，而供人喝茶吃點心、大宴親朋的地方就稱之為茶館、茶樓、茶室、茶社、茶居、酒家、酒樓等。

酒樓不等於茶樓？

香港開埠初期，茶樓、酒樓是兩個不同行業。茶樓提供點心，供客人品茗，經營早市和午市；酒樓專門舉行宴會筵席，專營晚市，兩者針對不同市場。要數香港最早出現的中式食肆，正是 1846 年開業，位於中環威靈頓街與鴨巴甸街交界的杏花樓（後遷至上環水坑口

● 石塘咀酒樓廣告及菜單（《華僑日報》，1929 年 8 月 20 日）

街）。杏花樓是一間酒樓，毗鄰當時風月場所，與妓院關係非比尋常，富商公子常在此與風塵女士飲酒作樂，而杏花樓這類酒樓也會安排女伶演唱，樂隊伴奏，增添情趣。1903 年，港府下令位於上環的風月場所須全部遷往石塘咀，部分酒樓被迫結業，財力雄厚的則奉命搬遷；留守上環的為求生計，只得兼營茶市。杏花樓率先行動，其他酒樓紛紛效仿。及至 1935 年，港府全面禁娼，酒樓兼營茶市變成唯一出路，酒樓和茶樓的差異日漸減少，到 1950年代已再無分別。

高級消費場所 —— 茶社、茶室

正因早期酒樓專營宴席，飲早茶和吃點心就要到各式茶肆。這些供人品茗的場所，以茶室和茶社格調最高，收費自然最貴。晚清外交官張德彝在同治九年（1870）前往法國為天津教案道歉時，曾途經香港，光顧中環蘭桂坊的楊蘭記茶社（張德彝《隨使法國記》），這是有關香港茶社的早期記錄。

● 《華字日報》有關
陸羽茶室飲夜茶
的廣告（《華字日
報》，1935 年 3
月 28 日）

● 報章提及先施公司
天台設有茶室供顧
客休憩（《華字日
報》，1916 年 9 月
15 日）

與楊蘭記同時期的還有位於中環威靈頓街的雲來，都是在 1850 年代開業，
稍後出現的有中環的三多、品陞、得雲、得名、得元等。至於今日仍在中環
經營的陸羽茶室，則於 1933 年創辦，是本港少數仍然保留典雅室內裝修及
舊式飲茶文化的食肆。不難發現，當時的酒樓、茶社都是較為高級的消費場
所，前來品茗的不是知識分子，就是紳商名流，並非一般的平民食肆。

基層飲茶好去處 —— 茶館、茶寮

那麼飲茶、吃點心就是富有階層的專利？當然不是，英國人佔據港島之
後，中上環一帶成為南北貨運和中外貿易的中轉站，大量華人離鄉別井到此
地謀生，當中不少是建屋、修路、打石工人，碼頭苦力也為數不少。他們要
解決一日三餐，當然要光顧茶樓。開埠初期，上環一帶已有不少簡陋的茶館

或茶寮。茶寮是勞苦大眾飲茶和休息的地方，設施簡陋，通常只是用竹木搭建在路邊的棚蓆，最初出現於 19 世紀廣東各地，是各式茶肆的始祖。當時在茶寮飲一盅茶只需一厘錢（一毫重七分二厘，即茶錢是七十二分之一毫，約為清末時期的兩至三文錢），因此茶寮被稱為「一厘館」。

茶館則由一些經營出色的「一厘館」升級而來，通常設立在碼頭、市場等基層工人集中的地方，向顧客提供快餐式的中式食品。在茶館叫來一盅粗茶，兩件普通點心，即所謂「一盅兩件」，只需花費二厘錢。點心只有蝦餃、燒賣、包子三樣，但包子有鹹甜兩種，這類粵式平民茶館被稱為「二厘館」。

各有分工，各有客路

早期的茶寮、茶館、茶樓和茶室，各有分工，客路各有不同。前二者是平民食肆，後二者是中產人士或名流士紳飲宴作樂之地。及至辛亥革命後，政局混亂，滿清官僚階層消失，廣州的茶社和茶室漸趨沒落，原本服務中下階層的茶館，憑著價廉物美的點心，漸受歡迎。香港地近廣州，深受其飲食文化影響，走平民路線的茶樓興起，提供優質茶水、精緻糕點，廣受歡迎，漸漸發展為現今所見的茶樓和酒樓。

陳公哲在 1930 年代編寫《香港指南》一書（此書類近今日的旅遊手冊），供初次到港人士參考，現整理當中對各中式食肆的描述如下：

茶樓	每日營業時間分早茶、午茶、晚茶，早茶由早上 5 時至 11 時，午茶由中午 12 時至下午 3 時，晚茶由下午 7 時至 11 時止。	茶價由每盅二分起至一毫。另外會因應樓層而調整收費，房間價格自然較貴。
茶室 / 酒館兼營茶室	每日中午 12 時起至下午 3、4 時，4 時之後兼營酒菜。	當時每多美貌女性為招待，客人每多給予小費，時稱之為「手震」，以示順手多給費用。
酒樓	下午 6、7 時至半夜 2 時	每桌酒席一般由二、三元到十多元不等。給予小費每多於一元。

同人不同命，同店不同價 —— 有錢上高樓，無錢地下踎

　　與此同時，同一食肆為迎合不同階層所需，常採用「階級分明」的收費方式。正如上表所示，當時茶價由每盅二分起至一毫不等：樓上大開窗戶，通風涼爽，亦較為清靜，收費最高；位處樓下和二樓之間的是閣樓，也算靚位，收費較次。至於勞苦大眾消費力不高，只能到位於茶樓的舖面所在的地廳，此處面對街巷，人聲嘈雜，空氣欠佳，故收貴最廉，廣東俗語「有錢樓上坐，無錢地下踎」來源於此。不過，凡事不可一本通書看到老，1927 年的《工商日報》有「如意茶樓」廣告一則，列出的日市茶價是「二廔〔樓〕壹毫、三廔六仙、四廔四仙」的價目，可見上樓梯太多有時亦會令茶客卻步，高樓層有時反而要降價，打破「有錢上高樓」的定律。

● 1927 年《工商日報》廣告，不同樓層收費有異。

粵港一家親 ── 廣州名店南下香江

　　1920 年代，大量在廣州經營的酒家來港開設分店，一批著名食府南下，帶旺本地飲食業市場，也加劇同業競爭。1927 年前後，在廣州新一代「酒樓王」陳福疇安排下，廣州四大酒家來港開業，成為一時佳話。

酒家	代表名菜	主理廚師	名菜特色
南園酒家	乾燒大網片	邱生	最難之處是橫削薄片鮑魚，鮑魚煮好後黏刀，廚師每刀要先用油抹在刀身，再一刀了斷，舉手不回，刀功非凡。
西園酒家	鼎湖羅漢齋	八卦田	採用葷作上湯，嚴格來說不能當作齋菜，其材料為「三菇六耳」，須逐一處理，再一併合煮，工序繁複；更間暗中以上湯（用老雞、瘦豬肉、火腿骨等熬成）慢煨增其美味。

文園酒家	江南百花雞	妥當全	菜名看來是雞，上碟時也見是全雞一隻，實際是完整雞皮包著百花蝦膠，須用皮厚之清遠雞，否則雞味不足。
大三元酒家	紅燒大裙翅	吳鑾（綽號鬍鬚鑾）	傳承自老牌的貴聯升酒樓，採用價值 60 元的優質魚翅 48 兩，而當時一席高檔酒菜也只作價 10 元，其名貴可想而知。

　　當時廣州有一段坊間流傳的順口溜，將四大酒家的特點娓娓道來：「食得喺福，著得喺祿。四大酒家，人人聽到耳都熟。手掌噉大隻鮑魚（南園），食到嘴都嘟；江南百花雞（文園），勝過食龍肉；鼎湖羅漢齋（西園），一味清香無啲濁；喂喂喂，大翅（大三元）更揚名，六十元有價目。」

　　1927 年《工商日報》的廣告：「南園酒家設在廣州市經已十餘年，為四大酒家之首屈一指者，舉凡政商學界宴客，大有非在南園即不成敬意之勢 …… 大三元酒家於德輔道中已於月前開市，現又創設南園酒家於威靈頓街，所有佈置悉如廣州市老店，一切烹飪均聘四大酒家之著名廚師擔任

● 1927 年《工商日報》有關四大酒家從廣州到香港開設分店的廣告

…… 全桌十大件，每桌三十六元。」此則廣告記錄了四大酒家來港時間、拿手名菜、晚宴菜譜，誠為香港飲食市的重要史料。

第一代茶樓女侍應 —— 女權主義先聲？

茶樓之間競爭激烈，各大老闆不惜各出奇謀，以奪取茶客芳心。早年香港社會男尊女卑，女性不得拋頭露面，故到 20 世紀初才較多女士出入茶肆，而侍應仍採用全男班。1921 年，廣州酒樓茶館興起女招待，香港酒樓武彝仙館率先

● 以「十大美人」（美女侍應）為宣傳的酒樓廣告

效仿，以吸引茶客，其他酒家紛紛跟隨。這些女招待偶爾會引來狂蜂浪蝶，甚至衍生爭風吃醋、欺侮弱質女流之事。香港報章於 1927 年報道永樂街如意酒樓、年僅雙十的女招待妙嬋，被黑道中人「三十六友飛天虎」看中，先是當街毆打，繼而收到勒索信，境況堪憐。一代文豪魯迅閱香港報章得知此事，在〈匪筆三篇〉一文作出評論，令事件舉國注目。

不過，女招待的出現引來衛道之士不滿，禁止之聲不絕於耳，但均遭港府否決。後來有西報記者訪問茶樓女侍應，稱之為婦女先鋒，中文報章紛紛附和，女侍應風氣因此大開，漸成常態。1940 年鄧超《大香港》一書有言：「粵菜酒樓都有女侍，女侍個個都打扮得很出色。所以，每每有些人是醉翁之意不在酒。這樣的酒樓，小賬是免不了的。」

● 武彝仙館標榜自創聘用女招待以吸引客人（《華字日報》，1925年12月2日）

● 女侍應遭黑幫欺凌的新聞（《華字日報》，1927年8月1日）

飲茶聽曲 —— 今日酒廊和唱 K 的前世今生

　　除了美女侍應，茶樓也會在晚上開設粵曲歌壇，聘請女伶演唱。據魯金所言，首創者是如意茶樓，於三樓開設「徵歌部」，茶價二毫（比一般茶價貴四倍）。正因有利可圖，各大茶樓紛紛安排女伶演唱以吸引顧客。那時未有電視機，收音機也未流行，更沒有卡拉 OK，晚上娛樂不多，上茶樓聽歌正是最好娛樂。這些歌藝超群、樣貌娟好的女伶，擁有大批「知音人」捧場。她們像 1970 至 1980 年代香港歌星在各大酒廊「走場」一樣，一晚到多間茶樓獻唱，其「鐵粉歌迷」會整晚跟隨轉場，是為當時業界佳話。中環名店蓮香樓在 1950 至 1960 年代也設有夜茶和歌壇，1980 年代各大酒樓也會聘請明星歌手獻唱，可說是這種風尚的延續。

茶樓經營靈活應變，各適其適

踏入 1950 年代初，香港百廢待興，市民生活艱難，出現大量「地踎茶居」。這些茶居只有一、兩間地舖，跟裝修雅致、樓高數層的茶樓或酒樓大相徑庭，卻因收費廉宜，頗受勞苦大眾歡迎。與此同時，上流社會則聚集於中上環知名食肆，如李兆基、馮景禧等每多在蓮香茶樓、陸羽茶室、大同酒家等處飲早茶，高談闊論之餘，亦交流金融市場資訊。

1950 年代，為提升營業額，酒樓逐漸兼營早午市，茶樓則搶佔晚飯市場，兩者經營漸趨一致，部分酒樓更兼營夜總會，以增加客路。1954 年《大公報》出版的《香港年鑑》道出了當中變化：「一九五四年因生意不前……〔酒家〕多數改變了原有面貌，除了一些以大眾化為號召，實行經營茶市為主，酒菜為副之外，還有些索性將整個業務形式改換，以類似夜總會的形式出現，中午做茶市，晚上飲宴，午夜是音樂宵夜，實行中西合璧，以吸引顧客。」

此後，夜總會蓬勃發展，提供精雅小菜為主的酒家如雨後春筍般湧現。1966 年《華僑日報》出版《香港年鑑》內，以「酒樓夜總會」命名的就有北角麗宮酒樓夜總會、尖沙咀瓊宮酒樓夜總會等 11 間；名叫「酒家茶樓」的就有南昌街龍慶酒家茶樓、譚公道的普慶酒家茶樓等 4 間，充分反映香港飲食業的靈活性和包容性，以及三者漸趨融合的特色。

	酒家或酒樓數目	茶樓或茶室數目
1949 年《香港年鑑》*	40 間	20 間
1955 年《香港年鑑》	93 間	142 間
1966 年《香港年鑑》	126 間	81 間
1970 年《香港年鑑》	111 間	56 間

*《華僑日報》出版

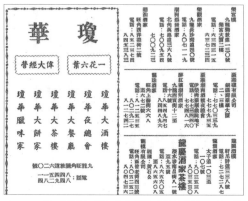

● 1966 年《香港年鑑》內出現的「酒家茶樓」、「酒樓夜總會」，也有瓊華集團同時經營酒樓、茶樓、夜總會的廣告。

● 1983 年海城大酒樓夜總會聘請歌星藝員登台

時光轉變，飲茶情懷不變

　　隨著西餐廳及新式酒樓興起，舊式酒樓日漸沒落，傳統品茗文化隨著歲月消逝。1970 年代，同一類點心會放在一個大盤內，由「點心妹」捧著叫賣，茶客為求吃到心頭好，每多一湧而上，跟現在自助式拿取點心或下單即叫即蒸，截然不同。結賬之時，伙計會數算桌上蒸籠數目，再用心計算出收費，因此有茶客會將蒸籠悄悄放在桌下，以「節省」開支。今日為了準確計算，酒樓都以蓋印的方式記錄點心數目，點心也有「頂、特、超」和「大、中、小」之分。

　　傳統茶樓是即場找座位，所以食客快將結賬之時，身後每有多人站著等候，佔據有利位置「搶位」。為免引起茶客爭執，現在多改為取票排隊等

候。時至今日，隨著城市發展和市場競爭，多男、雙喜、龍鳳等已拆卸改建，中環蓮香樓亦已結業，只剩下陸羽等寥寥可數的舊式茶樓，但每到假期節日，港人多會一家老少，呼朋引伴，到茶樓飲茶，延續廣東飲茶的文化傳統。

茶客爭位發生打架

上環街市附近之添男茶樓、於昨日十式時三刻、正當生意紛紜之際、忽有茶客兩人因爭廁位發生衝突、雙方打作一團、鄰中茶客紛紛走避、旋由警弁到塲彈壓、事始疑息、然該茶樓損失不貲云、

● 昔日未有取票輪候制度，茶客因爭位而爭執打鬥，實在司空見慣。（《工商晚報》，1932 年 3 月 20 日）

● 踏入 1960 至 1970 年代，點心妹大行其道。1965 年，電影《點心皇后》更以此為主題，將酒樓點心妹的故事搬上銀幕。（《工商晚報》，1964 年 12 月 3 日）

我和美食有個約會

美食遊蹤

① 陸羽茶室

地址：中環士丹利街 24 至 26 號（港鐵中環站 D2 出口，步行約 3 分鐘）

於 1933 年創辦，初時在永吉街開業，1950 年代起成為中環金融界和華商的聚腳地。1976 年遷至現址，其歷史悠久，仍用茶盅焗茶，裝飾典雅，充滿懷舊風味，提供多款懷舊中式點心，如豬膶燒賣、蛋黃麻蓉包、芋頭酥餅等。

● 攝於 1995 年的陸羽茶室

● 攝於 2022 年的陸羽茶室

❷ 蓮香居

地址：上環德輔道西 46 至 50 號（港鐵西營盤站 A2 出口，步行約 4 分鐘）

蓮香居保留舊式點心車、茶盅、大水煲等舊日茶樓的特色，是擁有舊香港傳統氛圍的粵式茶樓，著名美食有馬拉糕、豬膶燒賣等。

● 位於上環的蓮香居

● 位於上環的蓮香居，大水煲、沖茶用的焗盅、紅燈籠，重現舊式茶樓風貌。

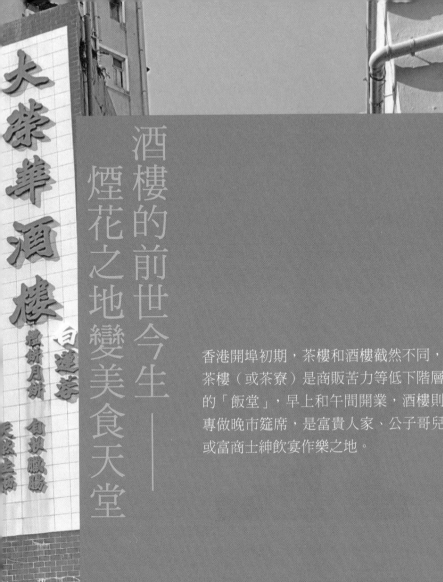

酒樓的前世今生——
煙花之地變美食天堂

香港開埠初期,茶樓和酒樓截然不同,茶樓(或茶寮)是商販苦力等低下階層的「飯堂」,早上和午間開業,酒樓則專做晚市筵席,是富貴人家、公子哥兒或富商士紳飲宴作樂之地。

香港第一間酒樓 —— 杏花樓

　　上一節提到，香港最早出現的酒樓是杏花樓，此酒樓於 1846 年開業，最初位於中環，後遷至上環水坑口街，其發展正是香港酒樓業滄桑變化的縮影。昔日的酒樓有別於茶樓食館，主要招待上流社會華人，是紳商名流、公子哥兒出入的地方。到酒樓的人，有的社交聯誼，商談公務；有的興詩作賦，風花雪月；也有的醉翁之意不在酒，只為請來妓女陪席，紙醉金迷。

● 報章廣告可引證杏花樓成立的年份是 1846 年，而非坊間流傳的 1847 或 1848 年。（《華僑日報》，1929 年 8 月 10 日）

酒樓 —— 上流社會的娛樂場

　　1849 年清朝官員何紹基出任廣東主考，途經港澳，寫下〈乘火輪船遊香港與澳門作往返三日約水程二千里〉一詩，當中有云「萬怪魚龍窺醉墨，近仙樓與杏花樓」，記錄這位北方人眼中珍奇古怪的海鮮盛宴。他在詩歌附註指出，近仙樓在澳門，杏花樓在香港，是歷史上關於香港酒樓的最早期記載。

19 世紀末，孫中山也曾多次召集革命黨人，在杏花樓召開會議，草擬進攻廣州的計劃和革命的對外宣言。參與杏花樓會議的有立法會議員何啟及《德臣西報》（*The China Mail*）記者黎德（Thomas H. Reid）。當然，他們只為逃避清廷間諜的耳目，以酒樓飲宴作掩飾，商談革命大計，但從杏花樓招待孫中山和何啟等知識分子和社會名流一事，足見昔日酒樓實屬高級消費場所。

　　杏花樓作為上流社會消費場所，不同年代的文獻曾有記載，現整理如下：

年份	作者	對杏花樓描述	來源
1882	王韜（旅居香港的晚清思想家）	太平山（按：指上環太平山街一帶，因附近有山崗「太平山」而命名，並非指今日的山頂）左右，皆曲院中人所居，樓閣參差，笙歌騰沸⋯⋯ 旁則酒肆連比，以杏花樓為巨擘。	《香港略論》
1900	正木照藏（曾經到訪香港的日本實業家、政治家）	某天晚上，湊巧三原在一家叫杏花樓的中國酒家宴請由歐洲到港的「朝日艦」船員，我以陪客列席⋯⋯ 中國菜味道濃郁，滋味甚佳。燕窩魚翅，足以下箸的菜餚不少。不過，與此相反，助慶的藝人卻像小僧唸經，用毫無變化的節拍，唱出莫名其妙的歌曲來。不知是否應說是樂隊吧⋯⋯ 至於藝人均穿常見的窄袖而下襬闊的裙，當中個別雖略具姿色，但總覺鄙野，並無足觀。其餘男侍應則脫光膀子，毛茸茸的胸膛上淌著汗，實在大煞風景。	《漫遊雜錄》

| 1929 | 子羽（香港掌故專家） | 杏花樓何時結業已記不清，只記得它曾隆重其事地舉行過慶祝開業八十三週年，茶點減收半價，頗為哄動。 | 《香港掌故》 |
| 1930 | 報章廣告 | 杏花樓結業，改名杏花春。 | 《華僑日報》 |

● 1926 年《工商日報》登載附設歌壇的酒樓廣告，當中列出女伶芳名以吸引聽眾，留意杏花樓已暫停安排女伶演唱。

● 1920 年《華字日報》廣告，酒樓武彝仙館從廣州請來瞽姬（盲女）演唱助慶。

● 日本三菱輪船公司在杏花樓設宴。當中出席華商百多人，日本領事亦有到場，杏花樓高檔食肆之形象可以想見。（《循環日報》，1880 年 2 月 26 日）

食色性也 —— 酒樓與妓院共存

開埠之初，香港居民以男性為主，社會呈現陽盛陰衰格局，為色情事業創造殷切需求。港府奉行商貿自由政策，不但未有明文禁止娼妓，港督戴維斯（John Davis）還於 1845 年起徵收「妓捐」以增加政府收入，默認了娼妓行業的合法地位。隨著香港經濟發展，特別是英法聯軍之役和太平天國起事後，不少華商富戶來港定居開業，香港經濟急速發展，妓院也愈來愈多。據港府統計，各式妓院從 1850 年的 33 間增至 1887 年的 140 間之多。妓院多集中於上環一帶，區內酒樓亦與日俱增，方便富商公子請來妓女陪席。除杏花樓外，陶陶仙館、小蓬萊、一笑樓、冠南、瑞華園等都是當時馳名的大酒樓。

老香港的色情事業用語 —— 出局、一蚊雞

原來廣州一向有「開筵坐花」的慣例，嫖客會在酒樓擺開筵席，再叫酒樓雜役攜上花箋（裝飾過的信紙）往臨近的妓院或花艇，召來妓女相陪。香港承襲這股風氣，酒樓也開設在妓院附近，以便嫖客開廳擺局。妓女接到花箋邀約，即動身到酒樓陪客，當時稱為「出局」。粵語習慣稱妓女為「雞」，「出局費」一般是一元，故有了「一蚊雞」說法。順帶一提，當時酒樓設有「四局」：召妓陪酒的「花局」只是其一，另有打麻將的「雀局」、抽鴉片的「煙局」、樂隊和藝人表演的「響局」。

走入上環煙花之地

日本作家大橋乙羽1900年到歐美遊歷時,曾途經香港,寫下他眼中的上環娼妓行業的狀況:

> 走到最繁華處時,只見戶戶都吊下紅燈,門上懸掛匾額,題曰「醉月眠花」。入口處擺放關帝神位,香火繚繞。旁邊的椅子上,坐著抹了紅粉的婦人,她們大多描上彎彎的圓眉,塗上口紅。身旁抬起胳膊、把一條腿擱在床上的大概是鴇夫,看他們跟老鴇母下棋的光景,恰似水滸傳連環圖的一幅手插畫 …… 見娼家的旁邊,有一家店舖懸著一塊「押」的招牌,便問旁人這店是幹什麼的,旁人回說是當舖。…… 見一青年,不知是誰家冶遊郎,身穿藍綢衣,手搖花扇,姿態優雅,有如漫步蟾宮 ……

大橋乙羽記述了當時上環紅燈區繁華熱鬧的情況、妓寨外貌和內部情形,華人妓女、鴇夫、鴇母的面貌活現眼前,為上環風月場所留下珍貴歷史記錄。

妓寨迫遷 ── 造就塘西風月的紙醉金迷

踏入20世紀,港府有意利用妓院帶動石塘咀區新填海地的發展,於1903年,以中上環土地供不應求為由,下令上環妓寨須於1906年前遷往石塘咀,令當區變成電影《胭脂扣》中綺麗繁華的塘西風月區。酒樓與妓院共存共榮,紛紛從上環遷至,全盛時期石塘咀酒樓達二十多家,著名的有金

陵、天一、洞天、廣州、南京、陶園、聯陞、洞庭、萬國等等。它們有別於其他地區的酒樓，不設早午茶市，晚市不提供小菜晚飯，只供尋歡作樂者開廳擺局。沒有遷到石塘咀的酒樓，為求生計，都紛紛進軍早午茶市，兼做茶樓生意，後來更增設夜茶，請來女伶樂師助慶。

酒樓行公慶堂特設馬車專載妓女常川來往石塘嘴及水坑口廣告

啟者本行以港嘅嘅省來省招妓侍宴深滋不便故特以邇嘅[...]佢[...]馬車七輛每天自下午六點鐘起[...]夜間雨點鐘止[...]石塘嘴及水坑口兩處專載妓女往來省局之用[...]惟[...]是[...]酒浩大不得不向來資約[...]收回以查彌補富此無可奈何之天[...]情難路之日[...]彼番[...]而不甘[...]者想不顯失此太平山[...]之好價值也（計開）

公慶堂　賓琼林　新和昌
丙午年十二月十二日
菜一度每桌收同[...]銀[...]八幕
菜兩度每桌收同[...]銀壹元二幕
五位客以下每桌收同[...]銀五幕
探花樓·杏花樓　聚南樓
叙香樓　冠英樓　萬芳樓
全[...]

● 妓院遷到石塘咀後，財力充足的上環酒樓得設馬車七輛，以接載塘西妓女到上環酒樓。（《華字日報》，1906 年 3 月 28 日）

昔日酒樓的豪門夜宴 —— 富人一夕宴，窮漢半年糧

當時酒樓一席上等的菜餚是非常講究的，據香港掌故專家黃燕清所述，正是「二京二生，四冷四熱，八大八小」，共 28 款。現表列如下：

名目*	解釋	所指食物
二京	指京果兩樣。	如欖仁、杏仁、瓜子等。
二生	指生果兩款。	如沙田柚、批皮甜橙等。

四冷	指四小碟冷葷。	如皮蛋生酸薑、甜酸排骨、酸瓜蝦米、酸芙翅等酸中帶甜、調作紅色的飯前冷吃。
四熱	指用小缽所載四款熱食。	如白鴿蛋、金銀腎、雞鴨片等。
八大	指八個名貴的大菜式,用大碗或長碟上菜。	除鮑魚、海參、魚翅、花膠,也有鴛鴦雞、全鴨等。
八小	指八個用較小盛具的熱食菜式。	如金錢雞、滑斑球、蝦碌、燕窩之類。

* 之後還有些點心(小包和蛋糕),最尾有菜一碟,以及白飯或白粥。

在 1890 年代,一圍這樣酒席收費大概三兩六,等於港幣三至四元,可說價值不菲。以上菜單分量驚人,相信讀者看到一半已經「飽了」。及至 1920 年代,廣州南園酒家來港開業,改變筵席方式,創立「全桌十大件」,分量大為減少,其他酒家紛紛仿效,演變為今日酒席之主流。據 1927 年《工商日報》的廣告,全桌十大件的菜式如下(收費 36 元):

十大件		附設其他小菜、甜品
白梅包翅	鵲似掛爐鴨	四熱葷
錦繡羅球	牡丹雙鴿	二京果
松江艷跡	海錯虞琴	二生果
麒麟鮑片	綵柳垂絲	甜點心
鮮果酥酪	肘子黃河大鴨	伊府麵
		四小菜湯

以上菜式雖說簡化,但分量亦很足,也極其名貴,收費 36 元並非一般普羅大眾可以負擔,真的是「富人一夕宴,窮漢半年糧」!

飲食業先河 —— 專車接駁服務

酒樓不但菜式考究，服務更是一流。掌故專家吳昊在《香江飲食》一書指出，酒樓遷至塘西後，交通不便，1903 年新開業的觀海樓，特設六輛人力車往來上環至西環之間，提供接送服務，是食肆提供「接駁」交通之先河。然而，1900 年《華字日報》有冠南酒樓和品芳酒樓廣告一則：

> 我冠南品芳兩酒樓之設於中環也……遷移於去歲……我兩酒樓深知不便，特與轉園，設兩馬之高車駕至水坑之口，連群芳之艷跡，飛來大道之中，將見粉黛……光緒二十六年元月十五日

● 1900 年《華字日報》廣告，冠南、品芳兩酒樓設馬車於水坑口迎客。

同年《華字日報》為西營盤瀟湘館酒樓刊登一則類似廣告：

> 啟者：西營盤瀟湘館酒樓准二月十七日開市……本館另備馬車以便往來。庚子年二月十五日

由上述廣告可見，提供交通接駁者早已出現，而且是名貴馬車，香車美人是也。當年酒樓行業經營之盛況，亦可見一斑。

競爭激烈，各出奇謀

　　因中外社會人士大力批評，港府在輿論壓力下逐步取締娼妓行業，自 1920 年代中期起，不再批准新開妓院，連新聘妓女亦不許可，風月場所之經營漸趨困難，酒樓生意亦見萎縮。此外，廣州酒家、茶樓紛紛來港開業，競爭日見激烈，各大小酒樓惟有千方百計吸引顧客，一些招數仍為今日各式食肆採用：

來源	宣傳、經營手法	賣點
1925 年《華字日報》洞庭酒樓廣告	增設升降機，改良廳房，新穎傢具。	改良工程。
1926 年《工商日報》15 間酒樓的宣傳資料	各大酒樓請來女伶獻唱，以飽歌迷耳福，吸引好此道者光顧。	現場表演、歌手獻唱。
1926 年《工商日報》利園遊樂場廣告	預早訂菜每席十元以上者，贈送入場券，以便顧客出入。	套餐式服務，優惠顧客。
1926、1927 年《工商日報》大雅酒樓、如意茶樓廣告	仿效廣州酒樓，設星期美點，每期按時令更換點心和美食款式。	食品款式不斷更新，吸引顧客。
1928 年《工商日報》南園酒家報道	增設女招待。	吸引男性顧客。
1929 年《華僑日報》國民酒家廣告	茶價檳水半費，菜式特別降價，免費提供雀局。	減價招徠，以平宜取勝。

醉枕美人膝　醒握天下權

酒大豪傑之豪語也，吾人當握算持籌之餘，工作既畢之後，欲求此者，請向德輔道中及油蔴地兩大明星酒家，則有舊釀嘉穀、女侍名花，供諸君之所好也。

自動電話二〇七八一

五七二九二

● 酒家廣告，酒家以女侍名花作招徠。（《華字日報》，1931年4月9日）

洞庭酒樓
新設升降機
改良廳房雅座
工程完竣廣告

敬啟者本號開設有年荷蒙各界諸君賜顧不勝榮幸茲為酬答雅意特開新設升降機並添設降機改良廳房雅座工程已完竣特聘名廚敝式饍品以收感之盛意

電話總局三八四〇八
答四
洞庭酒樓司理
趙其安謹啟

乙丑年正月初六日

● 1925年1月26日，洞庭酒樓以全新裝修和增設升降機吸引顧客。

時代變遷，酒樓轉型謀出路

在各方壓力下，港督貝璐（William Peel）在 1931 年頒佈禁娼令，所有西洋和東洋娼妓須於 1932 年 6 月 30 日前交還牌照，華人妓寨則有三年寬限，至 1935 年 7 月 1 日必須結業。禁娼以後，再無妓女到酒樓「出局」，石塘咀酒樓紛紛結業。1938 年陳公哲《香港指南》及 1940 年鄧超《大香港》兩書列出的石塘咀酒家，只餘金陵、珍昌、陶園、廣州四間。其中金陵、廣州更轉型為舞廳，另圖生計。

經濟起飛 —— 香港美食開新篇

1940 至 1950 年代間，酒樓在晚市以外，兼做早午茶市；茶樓則延長營業時間，經營晚市小菜，兩者再無分別，只在稱呼上有所不同而已。那時社

● 1938年陳公哲《香港指南》
列出的石塘咀酒家只餘四間

● 1940年石塘咀金陵舞廳廣告，可見酒樓為求生存
不惜轉型。

會貧富懸殊，走大眾化路線的酒樓固然與日俱增，但仍有部分酒樓奉行高檔路線，兼營夜總會，如英京大酒家廣告就以「樓高五層」、「金鑾大禮堂」、「冠冕堂皇」、「七彩大舞池」為賣點。香港各界於1959年曾在此宴請英王夫菲臘親王，可見此等酒樓實為高級宴會場所，相比今日的五星級大酒店亦絕不失禮。

及至1970年代，隨著香港經濟起飛，市民對酒樓服務和食物質素要求日益提高，除婚宴外，壽宴、滿月酒都會在酒樓舉行。此外，誠如1973年《香港經濟年鑑》所言，在新設工業區、衛星城市、廉租屋村等，菜館雲集，酒樓茶肆遍地開花，當中不

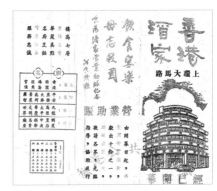

● 1938年樓高七層的香港酒家廣告

● 英京酒家以華麗建築、可設百餘席作招徠。(《大公報》，1941年2月4日)

● 1959年香港華人假英京酒樓宴請英王夫菲臘親王的報道

少屬集資經營、自置產業，或資本額在百萬以上，一些有實力的大集團更向新界發展。

星光食品（即後來美心集團）於1971年在尖沙咀星光行五樓創辦翠園酒家，引入嶄新的「中式食品、西式服務」管理，建立中菜標準化制度。其他劃時代的變革，包括取消「搭枱」習慣、改以「輪籌」方式讓客人等位、增設中式「下午茶」等，此後為各大小酒樓所仿效。

與此同時，為應付食客的不同需求，不少酒樓設有龍鳳大禮堂以舉辦大型婚宴，部分則兼營夜總會，海鮮酒家、火鍋酒家紛紛出現；菜式則日趨多元化，兼採中西，諸如沙律海鮮卷、茄汁大蝦、中式牛柳、阿拉斯加長腳蟹、日式魚生等，為傳統粵菜增添新意，令香港美食天堂的美譽無遠弗屆。

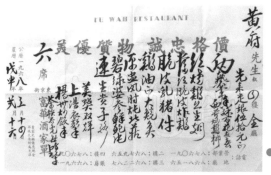

● 1968 年酒樓滿月酒席的菜單

● 1970 年代的屯門區酒樓廣告

● 第一間翠園酒家開業當日在報章上的廣告，由胡文虎夫人剪綵，以曾在日本萬國博覽會香港館獻藝的廚師王錫良為賣點。（《華僑日報》，1971年3月2日）

我和美食有個約會

美食遊蹤

① 大榮華酒樓

地址：元朗安寧路2至6號（港鐵朗屏站E出口，步行約6分鐘）

創立於1950年的飲食集團，旗下有酒家和餅店。1962年在元朗大馬路開設榮華酒家，1969年在灣仔開設榮華酒樓。現存大榮華酒樓則在1975年開業。馳名美食有奶黃馬拉糕等特色點心、香茜燒米鴨、缽仔豬油頭抽撈飯等。

● 元朗大榮華酒樓開業當天刊登的廣告（《工商日報》，1975年9月6日）

● 開業近五十年的元朗大榮華酒樓

❷ 太湖海鮮城

地址：銅鑼灣駱克道 463 至 483 號銅鑼灣廣場第二期 9 樓（港鐵銅鑼灣站 C 出口，步行約 2 分鐘）

飲食界翹楚何竟成與友人在 1989 年合資承辦，迅即發展為著名酒家，2011 年遷到現址，曾贏得多個美食獎項，招牌菜式有芝麻鹽焗雞及薑米鮮魚炒飯等。

● 位於銅鑼灣廣場二期的太湖海鮮城

❸ 鏞記酒家

地址：中環威靈頓街 32 至 40 號（港鐵中環站 D2 出口，步行約 3 分鐘）

鏞記酒家於 1942 年在港開業，1968 年被美國財富雜誌選為全球十五佳食府之一，近年裝修後以「花樣年華」等香港 1950 至 1960 年代生活場景作佈置，重現「龍鳳大禮堂」風貌，令客人恍如置身昨日。

● 位於中環的鏞記酒家

西菜東傳——
從洋人廚房走進華人食肆

香港作為東西方文化交匯之地，其飲食文化糅合了中菜和西餐，其中西餐更在香港發揚光大，從專門服務外國人的高級餐廳，走進基層華人光顧的食肆，華人西菜館、冰室、茶餐廳如雨後春筍般湧現，連街頭大牌檔也提供西式食物，令香港成為遠近聞名的美食天堂。

西餐的傳入

西餐的傳入可以追溯到清朝乾隆和嘉慶年間的廣州。1757 年（乾隆二十二年），清朝規定廣州為全國唯一對外通商口岸，而中外貿易必須以商行（通稱十三行）為中介，大量外國商人居於洋行之內。是時外商雲集廣州，多帶同廚師來華，烹調西餐，並聘請若干華人為廚房幫工，令華人有機會學習烹調西菜的方法。十三行的華人富商，為宴請各國商人，家中廚師僕人亦要學習外國菜式，使用西洋食材，是為西菜進入中國的開始。以下是相關記載：

時間	西餐傳入中國的情況
1769 年	英國人威廉・希基（William Hickey）來到廣州，記載行商潘啟官宴請外商時，依照英式菜譜和禮儀款客。
1825 至 1844 年	美國商人亨特（William C. Hunter）來華經商，寫成《廣州番鬼錄》，記述「中國人請吃番鬼餐」的情況，提到廣州已有乳酪、啤酒、咖喱等食物。
1830 年代	法國作家富爾格（Émile Daurand Forgues）以老尼克（Old Nick）為筆名，在《開放的中華：一個番鬼在大清國》中，提到廣州奧地利商行的一次宴會，奢華程度連都柏林行會也望塵莫及，宴席上的肥鵝肝、山鶉肉、波爾多紅酒，甚至烹調所用的木炭都是來自歐洲的。
1830 年代	同樣是法國作家老尼克的著作，提到廣州十三行夷館內已有兩間西餐館，一間由馬奎克（Mackie）開設，另一間由聖特（Saint）和馬克斯（Max）經營，為廣州外商服務。
1840 年代	來自奧地利的女士伊達（Ida Pfeiffer）在《繞地球兩週記》記載訪華見聞，提到華人廚師能煮出正宗的英式早餐。
1866 年	來自美國的傳教士妻子瑪莎・克勞福德（Martha Crawford），以為外國人家庭工作的中國廚子為對象，編撰了教做西餐的書籍《造洋飯書》。

由於居於廣州的外國人要教授華人廚工烹調西菜的方法，創造了「吉烈」（cutlet）、「撻」（tart）、「布顛」（pudding）等音譯詞。1828年傳教士馬禮遜（Robert Morrison）編著的《廣東省土話字彙》，收錄了大量外國食物的中英對譯詞彙，如「牛乳布顛」（Milk pudding）、「燒牛仔肉」（Roast

● 《造洋飯書》封面及英文序言（1885年版）

veal）、「吉烈雞」（Cutlet fowl）、「鐵耙羊肉」（Grilled mutton）、「燒火雞」（Roast turkey）、「吉烈豬肉」（Pork cutlets）、「免治雞」（Mince fowl）等，當中「吉烈」和「免治」等詞語更是首次見於中外歷史文獻，是為西菜東傳後最早期的翻譯詞彙。

YAM-SHIK-LUY-TSUNE.

Gäw yok, 牛肉 Cow's flesh, beef.
Gäw yok tong, 牛肉湯 Beef-soup.
Gäw täw tong, 牛頭湯 Beef head Soup.
Gäw kwät tsuy, 牛骨髓 Cow's marrow, suet.
Shap ham gäw yok, 焓鹹牛肉 Boiled salt beef.
Gäw kwat tsuy, poo teen, 牛骨髓布顛 Suet pudding.
Gäw u, poo teen, 牛乳布顛 Milk pudding.
Shew gäw tsei yok, 燒牛仔肉 Roast veal.
Shap gäw yok, 焓牛肉 Boiled beef.
Kät leet kei, 吉烈雞 Cutlet fowl.

YAM-SHIK-LUY-TSUNE.

Shap kei tan, 焓雞蛋 Boiled egg.
Shap kei hong, 焓雞項 Boiled young fowl.
Shew seen kei, 燒刣雞 Roast capon.
Shew kei hong, 燒雞項 Roast young fowl.
Meen che kei, sew chaou kei, 免治雞小炒雞 Mince fowl；Meen-che is for mince.
Shew meen yaong täw, 燒棉羊頭 Roast sheep's head.
Me tow tam, 味道淡 Taste insipid；weak tea；any taste not strong enough.
Meen paou kei, 麵包雞 A fowl in paste.
Shek läw, 石榴 Pomegranate.
Sha le, 沙梨 Sandpear；name of a fruit；a Canton pear.
Shew yaong pai kwät, 燒羊排骨 Roast mutton chops.

● 免治和吉烈等西餐用詞，最早見於1822年馬禮遜著《廣東省土話字彙》。

至於西方菜式如何從十三行商館，走入中國尋常百姓家，就要數一班在洋人廚房裏當學徒的廣東人。傳奇人物徐老高曾在洋行廚房工作，學得一身本領後自立門戶，最初在街邊當小販賣煎牛排，之後再於 1860 年在廣州開設太平館，是為中國第一家由華人開辦的西餐館。徐老高心靈心巧，將西餐中國化，自創豉油西餐，頗合華人胃口，在中國開西餐風氣之先。上

大菜

海市通商以後，西風東漸，起居飲食，逐無一不以洋派為時髦。「大菜」即其一也。今日吃西菜悶有不如數十年前之炫奇，但較之家常便飯，仍不可同日而語。其實宴食餐敍，豪華新異，始自廣東，中國之初有「大菜」，似不自上海租界始也。廣東在鴉片戰爭前後，洋商蟻集，海舶雲聚，繁華甲全國，其時紳商酬應即以大菜為尚矣。飲啄事小，無關宏旨，而蔚成風氣者，正以通商日殷，鶩外是競，官場與市場上，均不得不有此一齋耳。

● 1943 年上海《華股研究週報》梅嶺所著〈海市述往錄〉，提到上海西餐（又稱大菜）始自廣東。

海開埠後，西方人進駐上海，要聘請西廚，首選必是廣東人，如 1862 年 7 月《上海新報》一則招聘廣告內容：「現擬招雇廚師一名，最好是廣東人。」1907 年 4 月，《大公報》刊登天津廣隆泰中西飯莊的廣告：「新添英法大菜，特由上海聘來廣東頭等精藝番廚。」

當然，英國對香港實行殖民統治後，西式酒店和西餐廳陸續開設，西菜由此傳入香港。創辦於 1846 年的香港會，其第一代會所位於中環娛樂行，已提供高級飲食服務；香港共濟會於 1865 年建成第二代的會所「雍仁會館」（第一代建於 1853 年），也為會員提供飲食，兩者均屬香港史上早期的「西餐廳」。這類以服務外國人為主的場所，其後與日俱增，最著名的當然是 1868 年開業的香港大酒店，位於今日中環置地廣場的位置，最初樓高四層，1893 年加建至六層，時人謂之「高畫青雲」，酒店內設有全港第一部升降機，令其西餐廳廣受歡迎。另一著名西餐廳也附設於酒店之內，是山頂纜車創辦人之一芬梨·史密夫（Findlay Smith）於 1873 年開設的山頂酒店（位於

（山頂廣場現址）。1911 年，日本依仁親王由一代名將乃木典希和東鄉平八郎陪同訪港，他們就曾在此品嚐西式茶點，此酒店地位之高貴可想而知。

　　光顧這類高級西餐廳的，除了外國人，還有一些華人買辦、經紀、政府公務員等。他們多接受西式教育，或經常與外國人接觸，耳濡目染下，自然也吃西餐。因此，19 世紀前後的香港中文報章，常會刊登西餐廳或大酒店的廣告，對象當然是位居中上層的華人。1890 年代由華人經營的鹿角酒店，樓高五層，位於中環皇后大道中，附設西餐廳，是最早由華人開設且提供西餐的酒店。

● 1940 年四大酒店廣告，當中包括最早期由華人經營的鹿角酒店。

華人開設西餐廳

　　至於在香港由華人開設的西餐廳，根據吳昊和魯金所講，是位於中環德輔道 68 號的華樂園，開業時間是光緒三十一年（1905）。「華樂園」，字面上有華人吃西餐同樂的意思，服務對象主要是出入中區的華人。其菜式跟洋人開設的大酒店和西餐廳不同，提供非純正的英式西餐，烹調上刻意迎合華人口味，定價也大眾化，其首創之「全餐」包括餐湯、前菜、主菜、甜品、飲品等，只作價五毫，跟大酒店的五至十元有天淵之別，故深受華人歡迎。自華樂園開業後，香港各地紛紛開設為華人服務的西餐廳，如馨閣西菜館、天華西餐室等。

● 第一間華人開設的香港西餐廳華樂園，從廣告中可見全餐共有八款食物和飲品，只收七毫。（《華字日報》，1925 年 12 月 2 日）

● 1909 年開業的馨閣西菜館廣告（《華字日報》，1909 年 3 月 16 日）

西餐日漸平民化

踏入 1920 年代，中上環湧現大量華資西餐廳，西餐日漸平民化，不論社會地位，不理服裝，一律歡迎，跟洋人大酒店要求穿上西式禮服截然不同。此外，一些傳統中式酒樓也標榜提供「中西菜式」，西餐漸漸進入香港尋常百姓的生活。1930 年，刊於《華僑日報》的思豪大酒店西餐廳廣告可見，午餐每位一元一角，包餐湯、法律、馬時曷牛柳、架厘肉圓、燒雞項、什凍肉、生果、咖啡或茶等共 14 項；大餐則每位一元三角，包羅苗湯、集（雜）頭盆、焓茨（薯）仔、焓魚乾、燒羊仔比、生果、咖啡或茶等，也是 14 項。當然，也有收費較便宜的選擇，如 1929 年《華僑日報》的嘉蘭茶室廣告可見，全餐只收六毫，散餐則低至兩毫（杏仁雞粒、碌結豬肉、干沙丹牛脷、鐵扒龍蝦等八款任選其一）。

陳公哲 1938 年編撰的《香港指南》，列出九龍漢口道占美餐廳、中環德輔道中安樂園餐樓、中環雪廠街新波士頓等 37 間「餐室」，而列明專為外國人服務的「西人餐室」就只有半島酒店餐室、告羅士打酒店、威士文餐室、淺水灣酒店、香港大酒店餐室等 5 間，可見華人光顧西餐廳已成主流。戰後，1949 年《華僑日報》出版《香港年鑑》記錄香港西餐廳的數量更多達 69 間之多，相比 84 家之中式酒家和茶室，亦不遑多讓。

值得注意的是，西餐之所以在香港大受歡迎，關鍵在於飲食業界推陳出新，將西餐中國化，太平館的瑞士雞翼就是當中的表表者。正如 1925 年 4 月 28 日香港《華字日報》專欄〈香江瑣事〉所指：「華人近喜食西餐，非喜也，實喜其不類西餐耳。」這些西餐廳全日營業，提供早餐、午餐、下午茶和晚餐，當中又分快餐、常餐、全餐多種，也有豐儉由人的散餐；每逢聖誕新年又會推出聖誕大餐和新年大餐，或在報章以廣告宣傳，招徠顧客。

嘉蘭餐室
增設唐欵洋美酒
增設 中西美品
大減價
全餐暫收六毫
電話四五五九
本宅現特辦內部從新改革俾顧
房食品特別每每欵收二毫
各界士女倍加歡迎
招待週到
本宅日營業時間由上午十一點至晚
舖在大道中舊水車館對面
任倒徒歡迎
特別收歡
格迅廉
夜仁鵝粒
奪仁鵝粒
紅燒魚肚
燒扒鴨柳
合桃鴨脯
乾結鵝腎
糖醋大蝦柳

● 嘉蘭餐室廣告及菜單（《華
　僑日報》，1929年）

思豪大酒店西餐室
是日午餐
地冷吉士湯
馬蹄魚何柳
燒架之時肉項回
什燒雞厘牛粉及
凍雞肉路羔柳
每位二元一毫
法國沙律
焗地椰茱
不地其
梳地王椰茱
合時王椰茱
喫咖啡或茶果梅茱

是日大餐
每位一元三毫

集頭盆
拾羅多魚苗干湯
域多利古鵝仔
路竿仔薄比
以生吉士
謝荷汁
炮仔
燒茱仔
台布甸茱
波令古
馬令古
喫咖啡或茶果撻
牛腱
酒汁加

本酒店招呼週到
電話二六六四
地道打...

● 思豪大酒店西餐室廣告及菜單（《華僑日報》，
　1930年）

軒鯉詩餐店
灣仔軒鯉詩道三十九號
電話二三四八七
即日全餐
每位八毫
一番石斑湯
二刺青豆
三亞魚扒
四牛米布
五扒牛肉
六西菜瓜
七燒鵝柳沛汁
八菓何
九喫咖啡或茶

● 軒鯉詩餐店廣告（《華僑日
　報》，1930年）

文園餐室
自辦九江雙蒸酒
著名且旦玫塊荳沙
鮮挌德檸汁雪糕凍品
兩役香瓜色色備辦
全廿九日餐

鮮明時果
鮮明橄欖肉蒸鹹麵包
雞絲清湯
沙件鵝片
吉列鮮蝦
牛扒腰扒
焗豬肉荳
雪糕

每位七毫
喫咖啡或茶

● 文園餐廳廣告（《華
　字日報》，1928年
　7月16日）

民間智慧 —— 西餐廳菜名

作為中西文化匯聚之地，昔日西餐廳的不少菜名都是直接由外語音譯而成，翻譯用詞全無規範，一些更憑民間智慧加以創造，叫人看得不明所以，但不知不覺間卻成為了香港西餐廳的特色，且舉一些有趣例子如下：

菜式名稱	解釋
孟加拉蛋撻	昔日未有電爐，炭爐焗製的食品難免沾上炭灰，與膚色黝黑的南亞人相近。
碌結豬肉	被葡國人稱為「碌結」（Croquete）的小食，由肉、海鮮或蔬菜混合物炸成。
沙丹豬排	「沙丹」源自葡文豬排「Chuleta de porco」，通常會加上火腿及太陽蛋，配上近似茄汁的醬汁。
西冷牛排	「西冷」是指牛的腰脊部分（Sirloin）。
文也石斑	「文也」是法文（Meunière）音譯，將魚肉沾上麵粉，再煎炸至金黃色，最後加入檸檬汁、香菜和奶油調味。
什菓咯嗲	「咯嗲」為英文「Cocktail」之譯音，「什菓咯嗲」正是雜果沙律。
凱撒沙律	跟凱撒大帝無關，是 1924 年意大利廚師凱撒‧卡狄尼（Caesar Cardini）於美國邊境的一家餐館，因食材不足而無意中拼湊出來的。
區加甸意粉	「區加甸」是法國菜「Au Gratin」的譯音，指用芝士粉、麵包糠放在意粉或薯蓉之上烘烤而成之食物。
拿破崙意粉	把「Linguine Alla Napoletana」譯作拿破崙意粉，是「誤把馮京作馬涼」，主流意見認為是指意大利拿坡里（Napoli），當地盛產蕃茄，人們慣以此調製醬汁。

金必多湯 / 翅湯	「Comprador」指洋行買辦，音譯為「金必多」，此湯為洋行買辦喜愛的「忌廉白湯」，有時加入魚翅等食材，故被冠以「金必多」以示名貴之意。
周打魚湯	「周打」是「Chowder」的音譯詞，是配合洋蔥、甘筍、馬鈴薯、煙肉等製成的忌廉湯，又有周打魚（Fish Chowder）和周打蜆（Clam Chowder）等變化。
羅宋湯	1917 年俄國「十月革命」後，部分俄國人逃到哈爾濱、上海等地，開設大量俄式餐廳，「羅宋」是「Russian」的上海話譯音，指俄國餐湯。
打他汁吉列石斑	打他汁即塔塔醬（Tartar sauce），又名他他汁，常搭配炸魚柳或炸蝦。
免翁牛扒 / 馬時葛牛柳	免翁或馬時葛牛柳（法文「Filet mignon」的音譯），亦作菲力牛柳，是牛排的一種，指牛裏脊肉中最嫩的部位，是牛排中最高檔的品種之一。
希路咖啡	希路指美國咖啡品牌 Hills Bros，咖啡粉以鐵罐保存，是昔日名品牌，故餐廳會刻意標示，以示矜貴。
西冷紅茶 / 惜冷紅茶	源於錫蘭的英文「Ceylon」發音，斯里蘭卡的古稱，指由錫蘭進口茶葉所沖製的紅茶，為世界三大紅茶之一。

　　香港於 1930 年代興起冰室，至 1950 年代，冰室再轉型為茶餐廳，從最初提供西式茶點和冷飲，搖身一變為匯聚中西美食的食店，集各地各種美食於一身，價廉物美，廣受歡迎，將西餐進一步平民化。

　　隨著 1970 年代香港經濟起飛，港人不再滿足於傳統英式西餐或平民化西菜，而是追求歐西各國美食，意大利菜、西班牙菜、法國菜等，百花齊放，大大擴闊「西餐」的光譜，食客的選擇更趨多元化，令香港無愧於「世界美食天堂」之盛名。

我和美食有個約會

美食遊蹤

❶ 太平山餐廳

地址：山頂道 121 號（乘山頂纜車到達山頂，步行約 1 分鐘）

太平山餐廳所在的建築物興建於 1888 年，供建造山頂纜車的外籍人員使用，1947 年起改作西餐廳，招牌菜有海鮮拼盤、麵包布甸等。

● 太平山餐廳

❷ 波士頓餐廳

地址：灣仔盧押道 3 號地下（港鐵灣仔站 B1 出口，步行約 3 分鐘）

雖然只是跟 1920 年的香港第一代西餐廳同名，但歷史也非常悠久，開業於 1966 年，主打懷舊西餐，火焰牛柳、意式肉眼扒等均享負盛名。

● 歷史悠久的波士頓餐廳提供懷舊西餐，是不少港人至愛。

● 波士頓餐廳面向電車路的外牆，設有懷舊招牌，勾起不少港人集體回憶。

西餐中國化──

「夷狄」入中國者必中國之

隨著清乾隆二十二年（1757）推行一口通商政策，廣州成為全國唯一對外貿易口岸，紅毛國（英國）、花旗國（美國）、單鷹國（普魯士）、雙鷹國（奧地利帝國）、黃旗國（丹麥）、法蘭西、葡萄牙等國商人紛紛在此設立洋行，這些外商多聘請外國人為廚師，再僱用華人在廚房當幫工，烹調西方菜餚。為了跟外商聯誼溝通，十三行的中國富商也會培訓華人廚師製作西餐，西餐自此大規模傳入中國。

西餐 —— 中國人眼中的粗鄙食物

清嘉慶年間詩人張問安《亥白詩草》有「飽啖大餐齊脫帽，煙波回首十三行」的詩句，註釋指：「鬼子以脫帽為敬。晏客曰大餐。歸國必滿載茶葉紅花以去。十三行其聚貨處，凡十三所也。」不過，當時中國的普羅大眾對西餐非常抗拒，非但不合胃口，更視之為野蠻習尚。美國商人亨特《舊中國雜記》有〈中國客人吃番鬼餐〉一節，提到中國人不了解西方的禮節習俗，在其眼中，外國人都是野蠻粗鄙的，並指出番鬼飲宴「大嚼魚肉，這些魚肉都是生吃的，生得幾乎跟活魚一樣（按：筆者估計是煙三文魚）。然後，桌子的各個角都放著一盤盤燒得半生不熟的肉，這些肉都泡在濃汁裏，要用一把劍一樣形狀的用具把肉一片片切下來 …… 這些番鬼的脾氣兇殘是因為他們吃這種粗鄙原始的食物。他們的境況多麼可悲 …… 」。看見這些西人的飲食習慣，試問當時的中國人又怎會嘗試西餐？又有誰會想到不久之後西餐會在粵港兩地流行起來呢？

徐老高的太平館 —— 西餐中國化第一人

廣州西村人徐老高，自幼家貧，20歲時在美國旗昌洋行當廚房雜工，耳濡目染下學得西餐烹調技術，一次因受不了洋人的氣，決心離開洋行另謀生計。他憑一技之長，巧妙調製中式醬油，煎製西式牛扒，當上小販沿街叫賣。由於他大膽創新，選料極精，將中菜特色應用於西菜之上以適應華人

● 1919 年出版的《廣州指南》，
「番餐館」一節也有介紹太平館。

口味，加上價錢公道，一、二毫白銀便可吃到牛扒，故吸引大批食客。下至普通市民，上至股商富戶、醫生學者，甚至地方官吏，皆慕名而至。

之後徐氏在南關城門外的更樓前擺設固定攤檔，1860 年正式開舖經營，店名取自餐館所在的太平沙，定名為「太平館」。太平館不單是中國史上第一間由華人開設的西餐館，更首創西餐中國化之風，推動西餐普及，功不可沒。太平館的西餐既有吉列、鐵板等西方烹調手法，又善用中式豉油、紹酒等調味料；為免客人不習慣以刀叉「鋸扒」，又會將雞牛豬羊等肉一概「起骨」；佈置陳設則與中式酒樓相近，令顧客不知已置身西餐館中，故深受大眾歡迎。周恩來、魯迅、蔣介石、宋美齡等名人均曾光顧，政商各界更常於太平館設宴款待賓客，甚或舉行會議，外國報章雜誌也有介紹其美食，堪稱聞名中外，行業翹楚。

● 今日太平館陳設仍保留中西合璧格局，令華人顧客有親切感。

● 為客人奉上熱茶一杯是太平館西餐中國化的特色，為其他中式西餐廳效法。

太平館南下香港

1938 年，抗日戰爭期間，太平館第三代掌舵人徐漢初眼見日軍逼近廣州，決定南下香港，在上環東山酒店開設分店，是為香港首家太平館，招牌菜如煙倉魚、燒乳鴿、焗葡國雞等亦引進香港；兩年後再於灣仔開設另一分店，可惜兩家餐廳終因日軍佔領香港而關閉。1945 年太平館在灣仔重新開業，成功俘虜食客芳心，其後更於各區廣設分店。

太平館開創「豉油西餐」之派系，為香港早期華人西餐廳的仿效對象，如馨閣西菜館、威路臣西菜館、來安西菜館、安樂園、威靈頓餐室、加拿大餐廳等，令豉油西餐流傳至今。華洋雜處的上海，第一家華人西餐館海天春，也要遲至 1880 年代才由廣東人在上海福州路開設，足見開中國西菜風氣之先者，是廣州而非上海，而先行者正是太平館。

● 新開張的「來安西菜」以改良西菜為賣點（《華字日報》，1911 年 4 月 28 日）

● 安樂園廣告以西餐「精美適口」作招徠（《華字日報》，1913 年 11 月 10 日）

● 1929 年中環威靈頓餐室分店的
廣告，留意除中式西餐外，更
有菓子狸、水魚、水鴨等中式
燉品，可見其中西結合之特色。

● 1947 年太平館的報章廣告，地址上的上環「電車路」
即德輔道，廣告提及的燒乳鴿是中式西餐經典。

豉油西餐的經典 —— 燒乳鴿及瑞士雞翼

　　已成經典的燒乳鴿，坊間以為屬於粵菜，其實是太平館首創的中西合璧
菜式。傳統粵菜雖然也有乳鴿，但是「燒乳鴿」會先行醃製，風乾後再以滾
油炸熟，配上加入西式香料的燒汁，有別於中式燒鴨和燒鵝的爐火烤製。至
於遠近聞名的瑞士雞翼，是太平館用豉油、雞骨、冰糖和月桂葉等中西材料
熬製而成的滷水汁煮熟的，是為華洋混合的經典菜式。1940 年代，一位外
國人到太平館用餐，對這味雞翼讚譽有加，並連聲說「Sweet」。侍應不諳英
語，向徐漢初道出此事，眾人誤以為是「Swiss」，意指醬汁具瑞士風味，便
將豉油雞翼命名為瑞士雞翼。此後瑞士雞翼再演變為瑞士汁炒牛河，成為飲
食界的傳奇美食。

● 尖沙咀分店外掛上的霓虹
光管「太平館餐廳」是歷
史見證，今已拆卸。

中國化西餐三大派系 —— 上海番菜今日猶在？

　　當然，中國化西餐除廣東幫的豉油西餐外，還有寧波幫的上海番菜及山東幫俄國大菜。

　　上海番菜又稱上海西餐或海派西餐，集合了英、法、俄、奧等多種菜式，由上海廚師因應當地人口味改良而成，流行於 1920 年代以後。其主要菜式有俄式羅宋湯、改良自奧地利菜維也納炸牛排的上海炸豬排、由法式蝸牛演變而來的焗蛤蜊、與俄式沙律相似的上海沙律（即洋山芋沙律）、日後演變為香港餐廳必備的「白湯」金必多湯等。

　　上海西餐來港開業的有占美廚房。占美廚房 1926 年誕生於上海，1928年來港開設分店，屬上一代經典西餐廳，李小龍和甘迺迪夫人（Jacqueline Kennedy）等名人都曾光顧。昔日食客多數是英兵，當中也有印籍人士，故占美聘請了來自印度的大廚提供咖喱美食，展現香港不同地區文化交融的特色。另一經典是新寧餐廳，於 1948 年開業，地址在銅鑼灣新寧樓（第一代新寧大廈），也是高級消費食肆。上述兩者都是上一代港人的集體回憶，前者於年前結業，後者仍屹立於利舞臺廣場，是為歷史見證。

● 圖左方為 1940 年代皇后大道中的占美廚房（Jimmy's Kitchen）

● 1948 年開業的新寧餐廳，至今仍屹立於利舞臺廣場。

中國化西餐三大派系 —— 俄國大菜的經典美食

至於山東幫俄國大菜，其源流要追溯至 1917 年俄國「十月革命」，當時大批俄人逃到上海和哈爾濱，一些為謀生計而開設餐館，將家鄉菜引入中國，廚師既有俄國人，也有山東人（早年曾在海參崴和哈爾濱的俄國租界聚

居）。今日大家耳熟能詳的「羅宋」就是「Russian」的上海話譯音。當然，羅宋湯被上海人加以改良，以娃娃菜或蕃茄代替紅菜頭，且加入砂糖，令羅宋湯酸中帶甜。此湯加上鹹豬仔包，是「羅宋大菜」的經典配搭。這款中國化的西湯，也成為了今日各式餐館和茶餐廳必備的始祖「紅湯」。

國共內戰後，大批上海人南來香港，ABC 餐廳（又稱愛皮西，ABC 的普通話諧音）、車厘哥夫、皇后、金馬車、銀馬車、雄雞等六大俄國餐廳先後開業。ABC 餐廳在 1950 至 1960 年代盛極一時，有五、六間分店，食客多穿上西裝洋服，非富則貴，為高檔食店。食店大約在 1972 年結業，現時只經營餅店，輾轉從中環遷至灣仔，延續 ABC 餐廳的老字號。另一經典是 1952 年在北角開業的皇后飯店（其後在彌敦道等地再設分店），創辦人于永富曾在上海跟隨俄國名廚學藝，開業時值英國伊莉莎伯二世女王登基，故以「皇后」命名。時至今日，皇后飯店在港仍然開業，傳承俄國大菜在港一脈。

● 昔日 ABC 餐廳樓上是西餐廳，樓下是餅店，後來餐廳結業，僅餘下「ABC 餅屋」。近年從中環遷到灣仔，已承傳到第三代。

● 1949 年雄雞飯店的報章廣告

● 1962 年車厘哥夫分店開幕報章廣告，下方可見其總店地址在九龍彌敦道 184 號。

俄國飲食的歷史遺產 —— 鳥結糖

俄國著名美食還有「鳥結糖」。昔日俄羅斯人在上海開店製作和銷售一種花生糖，稱為「鳥結糖」，由車厘哥夫餐廳引入香港。餐廳由白俄羅斯人 Cherikoffs 於 1950 年代創辦，現只餘一間餅店在太子。惟曾在俄式餅店工作的凌萬義師傅對鳥結糖加以改良和推廣，1990 年於澳門創立一間美食店，取名車厘哥夫，令此俄式糖果得以發揚光大，延續車厘哥夫在華的美食情緣。

● 由俄式糖果改良而成的花生鳥結
糖,是車厘哥夫的鎮店之寶。

● 曲奇餅是車厘哥夫的另一招牌小食

冰室和茶餐廳 —— 平民西餐

　　昔日,香港不是很多人能光顧高級西餐廳,即使是中等收入家庭,也只
能偶爾光顧,所以一家上下都會為此悉心打扮,視吃西餐為人生中的頭等大
事。至於沒有能力光顧高級西餐廳的消費者,還有較為「大眾化」的選擇,
那就是冰室和茶餐廳。有賴這些平民食肆,西餐得以在香港本地化,讓一般
市民能吃到可負擔而又合乎口味的西餐。源自俄式大菜的「紅湯」,以及上
海西餐的「白湯」,固然是不少人的至愛,其他美食如絲襪奶茶、鴛鴦、菠
蘿包、蛋撻、火腿通粉、焗飯、鐵板餐等,都是典型的中國化西餐,是茶餐
廳和冰室的常見食品。

我和美食有個約會

美食遊蹤

❶ 太平館餐廳

地址：中環士丹利街 60 號（港鐵香港站 C 出口，步行約 5 分鐘）

創立於 1860 年，是中國第一間華人開設的西餐廳，現時有分店四間，分別設於尖沙咀、油麻地、銅鑼灣及中環士丹利街，焗蟹蓋、煙倉魚、燒乳鴿皆為經典中式西餐美食。

● 太平館位於中環士丹利街的分店

❷ 車厘哥夫

地址：旺角彌敦道 760 號聯合
廣場地下 G29 號舖（港鐵太子
站 B1 出口，步行約 1 分鐘）

1957 年創辦，全盛時期有多間
分店，今天只有這餅店繼續經
營，其鳥結糖遠近馳名，曲奇
餅則是招牌小食。

● 1950 年代創辦的車厘哥夫餐廳早已
結業，現仍在太子經營一間餅店。

❸ 皇后飯店

地址：九龍塘達之路 80 號又一
城 L1 層 18 號舖（港鐵九龍塘
C2 / H 出口，步行約 4 分鐘）

創辦於 1952 年，提供真正俄
羅斯風味中式西餐，原舖設於
北角英皇道，1964 年搬到銅鑼
灣，電影《阿飛正傳》在此取
景。今日在北角、灣仔、九龍
塘等地仍有開店。

● 位於九龍塘又一城內的皇后飯店

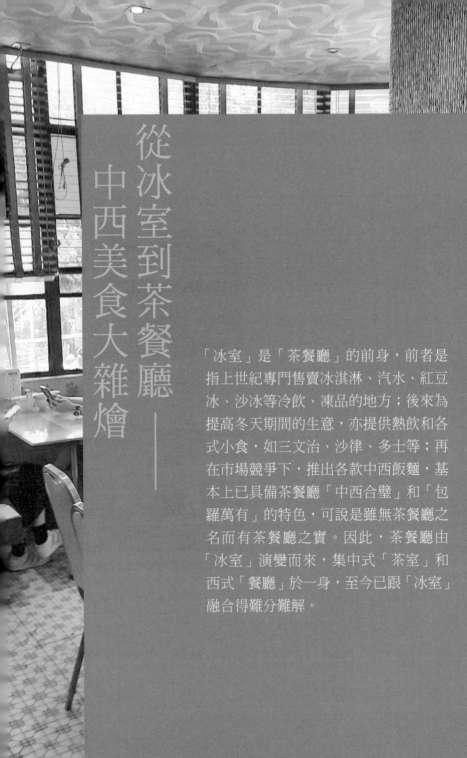

從冰室到茶餐廳——中西美食大雜燴

「冰室」是「茶餐廳」的前身，前者是指上世紀專門售賣冰淇淋、汽水、紅豆冰、沙冰等冷飲、凍品的地方；後來為提高冬天期間的生意，亦提供熱飲和各式小食，如三文治、沙律、多士等；再在市場競爭下，推出各款中西飯麵，基本上已具備茶餐廳「中西合璧」和「包羅萬有」的特色，可說是雖無茶餐廳之名而有茶餐廳之實。因此，茶餐廳由「冰室」演變而來，集中式「茶室」和西式「餐廳」於一身，至今已跟「冰室」融合得難分難解。

冰室的前世 —— 中國人「飲冰」由來已久

中國人飲冰的歷史由來已久，唐代詩人黃滔曾寫下「飲冰俾消渴」的詩句（〈喜翁文堯員外病起〉）。宋代平民喜愛在夏天吃冷飲，街道上有不少冷飲攤檔和店舖，出售「生淹水木瓜」、「甘草冰雪涼水」、「砂糖冰雪冷元子」等冷飲凍吃（《東京夢華錄》）。南宋詩人楊萬里〈詠冰酪〉一詩描述了由果汁、玉米、冰、奶調製而成的冰酪：「玉米盤底碎，雪向日冰消。」清代的《燕京歲時記》記載冬天時北京人會將冰塊藏於冰窖，皇帝會在炎夏向大臣「賜冰」，街上有人擔冰叫賣，北京人最愛的「冰鎮酸梅湯」會令飲用者凍得牙關打震。

南方飲冰史 —— 廣州與香港的雙城故事

廣州氣候炎熱，飲冰可消暑解渴，可惜冬天無冰無雪，無法儲存，只能依賴進口。當時冰塊主要由歐美輪船帶到廣州，只有十三行的富商可以享用，並以此款客。奧地利女士伊達在 1840 年代曾到廣州遊歷，曾記載加入冰塊的葡國美酒和英國啤酒常見於宴會之中。所謂物離鄉貴，這些遠道而來的冰塊自是價值不菲，通常只有十三行富商或在華外商可以享用。隨著外國人發明製冰之法，1884 年各國先後在中國開設製冰廠，近代中國的冷飲業、飲冰室應運而生。

相比廣州，香港的冷飲業可說「後發先至」。英國佔領香港島後，大量外國人在此定居，他們夏天時喜愛於酒中加冰，醫院也需要冰塊為發熱病人降溫，故美國丟杜公司（Tudor Ice Company）見有利可圖，便以貨輪將天然冰塊運到香港出售，存放冰塊的公司 Ice House Company 也於 1845 年成立，

冰庫就設於中環雪廠街。可惜這些冰塊價格甚高，一磅冰塊價格為三分六厘白銀，這樣的天價實非一般華人可以購買。

人造冰雪誕生 —— 冷飲雪糕普及化

1870 年，蘇格蘭工程師約翰．凱爾（John Kyle）利用人工製冷系統在灣仔開設人造冰廠，但產量不多。1874 年，在怡和公司支持下，他於銅鑼灣設廠擴大生產冰塊的規模。當年《孖剌西報》（*Hong Kong Daily Press*）"The Manufacture of Ice in Hong Kong" 一文就詳細報道了製冰過程。從此冰塊大量生產，售價漸降，冰雪開始普及。1879 年一則法庭新聞指，外籍小販羅便臣（Daniel Robinson）於晚上 11 時隨街高聲叫賣雪糕而被控，可見雪糕早在 1870 年代已經流行，冰塊連小販也可得到，已非昂貴稀奇之物。因應冷飲普及化，《孖剌西報》在 1883 年 10 月 18 日更有文章探討經常飲用冷飲會否影響健康。《德臣西報》在 1888 年 2 月 10 日報道 The Hong Kong Ice Company 股東大會，指香港冰塊需求與日俱增，銷情理想，公司盈利創了新高。

● 香港製冰廠的報道（《孖剌西報》，1874 年 8 月 3 日）

● 一則法庭新聞，推翻網上資料提及雪糕在 19 世紀末進入香港的說法。（《德臣西報》，1879 年 9 月 10 日）

冰室與香港的美食情緣

隨著冰塊普及，冷飲走入華人社會，港人飲食習慣由此改變。現時未找到文獻對第一間冰室的記載，但要數香港歷史悠久的冷飲店，首推安樂園。安樂園由張吉盛建立於 1909 年（《香港華資工廠調查錄》），開業時為西式茶室，兼售糖果餅乾，後加售冰鎮飲料，成功吸引大量顧

● 安樂園雪糕廣告（《華字日報》，1922 年 10 月 10 日）

客光顧。有見社會對冷飲和凍品需求殷切，安樂園於 1920 年改組為有限公司，並於 1921 年引入美國機器大規模生產冰雪。1922 年，茶室搬遷到中環德輔道中 25 號，並改名為飲冰室，提供冰鮮奶、汽水、雪糕、紅豆冰等。在香港的飲冰室潮流出現後，廣州和上海的冰室也如雨後春筍一般湧現，全國掀起一片「飲冰」熱潮。

據說當時的「冰室」樓底較高，天花板裝上吊扇，涼風習習，又以「飲冰」為賣點，因而得名。安樂園曾以首設冷氣機作賣點，大受歡迎，其後分店遍佈港九。不過，初期的冰室走高檔路線，顧客會隆而重之，收費也不便宜，例如當年一般小販所賣之涼粉每碗二至三仙，但皇后大道中安樂園的價格為二毫（《工商日報》，1929 年 7 月 20 日）。

1930 年代後期，一些價廉物美的冰室湧現，以油麻地金谷園為始，之後出現南華園、南樂園等，掀起平民冰室之風。這類大眾化冰室主要設於油麻地、旺角、深水埗和灣仔，引入南洋廉價咖啡，平價的「咖映（馬來語 kaya，咖椰醬）多士」和「沙地」（即豬肉和牛肉沙嗲），廣受歡迎（《工商晚報》，1935 年 11 月 15 日），到 1939 年，數目已達三十多間。其牛奶或咖

● 冰室廣告，詳列各種當時流行的凍飲。(上　　● 冰室廣告，仔細畫出各款冷飲凍品的模
　海《申報》，1929 年 7 月 2 日)　　　　　　　 樣。(上海《申報》，1929 年 7 月 13 日)

啡三仙、多士兩仙、沙地一碟三仙，加起來也不過一毫。因此，1935 年 7 月 24 日《工商日報》指，冰室冷飲店營業至深夜 1 至 2 時，銷量亦比昔日激增十多倍。另外，1930 年代，安樂園位於銅鑼灣的廠房每日製成生雪多達十噸以上，冰室業之興旺可想而知 (《香港華資工廠調查錄》)。

冰室的華麗轉身 ── 兼售熱飲熱食

香港夏天炎熱翳焗，冷飲蔚然成風，實不足為奇。但寒冬之時，冰室之生意難免大打折扣。因此，各大小冰室均會提供熱飲和小食作招徠。1922 年 11 月安樂園在《華字日報》刊登的廣告就以「請試鹹甜熱飲美品」為標題，推介蛋牛肉汁、雞湯牛肉汁、牛肉茶、羌 (薑) 奶、谷古咖啡、蛋奶粉等熱飲，小食則有厘卷、萍果批、雞卷、免治批等。

後來，為求吸引客人，不少冰室在出售小食以外，更提供粥粉麵飯。1939 年《申報》香港版，郁琅在〈食在香港〉一文提到：「中外酒家見了新興的飲冰室生意好轉，多也掉轉方針改營飲冰室業了。所謂飲冰室，並非是

安樂園有限公司飲冰室廣告

謹誠鹹甜熱飲美品

熱飲咖啡部

鷄湯牛肉汁。牛蠔汁。蕃茄忌括。牛肉茶
旦牛肉汁。蕃茄奶粉

熱飲甜品

旦奶粉。日架啡。日谷古。奶粉
燉茶。菊青青。鮮橙汁。鮮檸檬
谷古架啡

熱食美品

厘卷。鷄卷。免治批。平果批

本公司飲冰室各食品向來冷品
居多茲值冬寒之際本室用特增
設熱品各欵以副光顧諸君之
雅意餐此食品冷熱兼備各界諸
君盡興乎來

安樂園有限公司啟

● 安樂園廣告，在入冬後推介熱飲和美點。(《華字日報》，1922 年 11 月 10 日)

只賣冰淇淋和汽水而已。原來是鮑參翅肚，海鮮炒賣，粥湯飯麵，牛扒，咖啡，牛奶無所不有的食物店 …… 價錢很經濟，一塊幾角錢便吃一頓飽，所以顧客很多，符合薄利多賣的生意經。飲冰室的興起，是當時酒樓菜館業山窮水盡中所發現的又一村。」從上文可見，坊間主流意見指冰室興起於 1950 年代，但事實是早在戰前已蓬勃發展，一些冰室不但兼售熱飲熱食，更引進酒樓、餐室、粥麵店等的美食，搖身一變為今日香港人熟悉的「茶餐廳」，只是店名未冠上「茶餐廳」三字而已。

從冰室到茶餐廳 —— 香港第一間茶餐廳的誕生

1949 年《華僑日報》出版《香港年鑑》工商名錄內所列飲食店舖，在西餐室的分類沒有一間以茶餐廳命名，冰室甜品店則有 14 間。1955 年《華僑日報》出版《香港年鑑》內，西餐室和冰室已合併為一類，名叫「餐室冰室

業」，可見兩者的經營模式已日趨接近。此外，以冰室命名的食肆有 31 間之多，但仍未有任何以茶餐廳命名的食肆。現列出 1955 年的冰室如下：

冰室＊（地址）

九龍區	港島區
九龍冰室（九龍城福佬道 1 號）	士丹頓冰室（士丹頓街 76 號）
大世界冰室（上海街 712 號）	大聯冰室（摩利臣山道 41 號）
先先冰室（彌敦道 733 號 A）	堂記冰室（大道西 301 號）
利人生冰室（上海街 202 號）	華南冰室（砵甸乍街 26 號）
虹虹冰室（彌敦道 606 號）	奇香村冰室（大道中 81 號）
彌敦冰室（彌敦道 775 號）	金城冰室（威靈頓街 17 號）
陳深記冰室（橡樹街 64 號）	新元冰室（德輔道中 76 號）
陽光冰室（青山道 104 號）	錦源冰室（軒鯉詩道 451 號）
豪華冰室（南昌街 176 號）	牛記冰室（士丹頓街 70 號）
廣源茂冰室（太子道 188 號）	全記冰室士多（般咸道 45 號）
福榮冰室（福榮街 181 號）	橋香冰室（荷里活道 175 號）
就記冰室（砵蘭街 172 號）	美雲冰室（擺花街 37 號）
紅磡麗雀冰室（其利街 64 號）	麗晶冰室（娛樂戲院地下）
	冠香咖啡冰室（交加街 1 號）
	威利冰室（黃泥涌道 173 號）
	利民冰室（禮頓道 120 號）
	環球冰室（駱克道環球戲院地下）
	恆隆興記冰室（威靈頓街 126 號）

＊安樂園已轉型為餐室，名安樂園餐樓，位於中環德輔道中 25 號。

　　現時主流意見指中環蘭香閣成立於 1946 年，是第一間以「茶餐廳」名義開業的食肆。然而，此說與文獻不符，只說對了一半。據報章所載，中環蘭香閣茶餐廳於 1955 年 4 月 4 日開幕，並非 1946 年。1946 年成立的應該是中環蘭香室，兩者只有一字之差，可能由此引起混淆。1947 至 1949 年各大

● 1951 年蘭香室廣告，留意廣告並未有使用茶餐廳之名。從小食熱飲、粉麵飯菜俱全的菜單可見，包羅中外美食的茶餐廳經營方針已為當時食肆廣泛採用。

● 報章廣告，中環蘭香閣是現時文獻上見到的第一間茶餐廳。(《工商晚報》，1955 年 4 月 3 日)

報章有四篇關於中環蘭香室的報道，都只稱之為蘭香室，其中一篇雖提及其提供茶餐，但沒有冠以茶餐廳之名。《香港年鑑》所列的名字也只是「蘭香室」，而 1951 年蘭香室自身的廣告亦然。

其實，第一間茶餐廳仍然是坊間所指的中環蘭香閣茶餐廳，只不過開業時間在 1955 年 4 月。同樣在 1955 年出現的，有馬來亞茶餐廳（德輔道中）。到了 1956 年，《香港年鑑》第一次列出以茶餐廳命名的食肆，有沙龍茶餐廳（太子道）、金門茶餐廳（筲箕灣道）、蘭香閣茶餐廳（中環）、蕙園茶餐廳（英皇道）、榮風茶餐廳（加連威老道）等五間。另外就報章可見，當年還有 6 月開幕的劍蘭茶餐廳（北角）、7 月的天華茶餐

● 1955 年蘭香室未有「茶餐廳」的之名。(1955 年《香港年鑑》)

廳(德輔道中)、11 月的豪華茶餐廳(加連威老道)、麗思茶餐廳(軒尼詩道),足見茶餐廳興起應是 1955 至 1956 年前後的事。

簡而言之,冰室並非 1950 年代興起,而是早在 1930 年代冒起,戰前已大行其道。冰室最初的確只賣冷品、凍飲和輕食,而轉型為兼售熱食飯餐,實非 1950 或 1960 年代之事,起點應提早至 1930 年代。當時不少冰室的經營方式已類近今日的茶餐廳,食物不分中西,冷熱兼備,小食冷飲與粥粉麵飯共冶一爐,可說未有茶餐廳之名而有茶餐廳之實。

當然,一些冰室仍堅持不賣飯餐,只提供冷飲小食,但隨著時代轉變,這類正宗冰室已買少見少,大部分早已轉型,令「冰室」名不副實,跟一般茶餐廳無異。據 1955 年 4 月 25 日《工商日報》報道,當時不少冰室改名為茶餐廳,以示格調高貴但經濟實惠,並開始加設餅食門市,是為正宗冰室邊緣化的寫照。事實上,一些「冰室」本來持有「小食食肆牌照」,只可製作及售賣輕食,後來效法餐廳,轉為「普通食肆牌照」,可以出售任何種類食物,與一般茶餐廳無異,兩者日趨融合。

中西兼容的茶餐廳 —— 香港人的集體回憶

　　茶餐廳雖然脫胎自冰室，但興起以後，以其多樣化的地道美食、快速高效的運作方式，風行一時，且自創「茶記術語」，創意無限。除了提供熱咖啡（「汪阿姐」）、熱阿華田（「敗家仔」）與奶茶（「乃T」）等西式飲品之外，更自創咖啡溝奶茶的鴛鴦（「央」）；具本土特色的飲品有紅豆冰、菠蘿冰、雪糕加可樂（「黑牛」）、雲呢拿雪糕加七喜（「白雪公主」）、芒果雪糕加忌廉汽水（「金牛」）、熱可樂加檸檬片（「206」）、檸檬可樂加薑（「306」）、滾水蛋（「和尚跳海」）等；小食則有蛋治（「攬住」）、蛋撻、菠蘿包、菠蘿油（「蘿油」）及雞尾包等；主食也有沙嗲牛肉麵、午餐肉雞蛋即食麵（「餐蛋面」）、叉燒湯意粉（「叉意」）、火腿通心粉（「腿通」）等，可說雲集各地美食於一室，成為香港地道文化的象徵，堪稱香港人的身分認同標記。

● 茶餐廳的典型格局
　「卡位」，源自中環
　威靈頓餐廳。

我和美食有個約會

美食遊蹤

❶ 美都餐室

地址：油麻地廟街 63 號地下（港鐵油麻地站 C 出口，步行約 3 分鐘）

1950 年開業的油麻地廟街美都餐室，一直保留舊冰室格局，是不少電視劇及電影的取景場地，吸引中外旅客慕名而至。現存歷史最悠久的茶餐廳式食肆。

> 美香園　油蔴地廟街
> 　　　　一六〇號
>
> 美都餐室　油蔴地廟街六三號
> 　　　　電話：五九七六四
>
> 美雲冰室　擺花街卅七號
>
> 昺來亞餐室　德輔道中四一號
> 　　　　電話：二一九〇八
>
> 茶香室　弼教道八〇號
>
> 軒尼斯餐廳　軒尼士道四八〇
> 　　　　至四八二號
> 　　　　電話：七四三二一一
>
> 夏威夷餐室　長沙灣道二四號
> 　　　　電話：五九〇〇五

● 美都餐室資料（1955 年《華僑日報》出版《香港年鑑》）

● 美都餐室是現存歷史最悠久的茶餐廳式食肆

❷ 銀龍茶餐廳

地址：旺角通菜街 118 號地下（港鐵旺角站 B2 出口，步行約 2 分鐘）

源自 1963 年東頭村銀龍冰室，1985 年搬到樂富冬菇亭，1990 年於荃灣開設第一間茶餐廳，1994 年首創 24 小時通宵營業，之後大展拳腳，發展為大型飲食集團，享譽香江，在香港有多間分店。

● 銀龍茶餐廳從街頭小舖到大集團的發展史，寫下香港飲食業的傳奇一頁。

大牌檔——

橫街窄巷中的平民食肆

大牌檔是香港市民的集體回憶，是酒樓、茶餐廳以外，香港飲食文化的特色之一。大牌檔源於街邊的熟食流動小販，漸漸演變為固定攤檔，一般位於橫街窄巷中，又或是在路邊開檔，提供種類繁多的食物，既有中式的小菜、白粥油條、炒粉麵飯，又有三文治、多士糕餅、奶茶咖啡等西式食品，堪稱中西薈萃的平民食堂。

熟食攤檔的誕生 ——1840 年代的中上環

香港開埠之初，大量勞工離鄉別井來港謀生，他們為解決每天膳食問題，多光顧價錢便宜、「抵食夾大件」的街邊小販，熟食攤檔應運而生。1858年的《街市條例》只准熟食小販以流動形式運作，准售菜、湯、粥、豆腐、點心等物，固定擺設攤檔理論上並不合法。當時的熟食小販集中於華人勞工起居和工作之地，如中上環的威靈頓街、士丹頓街、太平山街、德己立街。1900 年代，隨著香港轉口貿易的發展，勞工數目與日俱增，熟食小販延伸至灣仔等區的多條街道。

窮人恩物 —— 大牌檔的濟貧作用

1921 年，港英政府推出小販牌照制度，視之為濟貧手段，准許固定熟食攤檔合法經營，為低下階層提供廉價食物，也可讓貧窮孤寡者謀得生計，足見熟食攤檔合法化屬民生福利政策，旨在發揮穩定社會作用。此外，貧困無依者會獲得體恤，較易獲發牌照。至於有傳大牌檔牌照是公務員福利，以照顧工傷公務員或殉職者之家屬，但此說並非實情，不可盡信。

● 報道指貧困老弱者可較易申請小販牌照。（《華僑日報》，1930 年 5 月 10 日）

正因大牌檔有濟貧功能，故港府在處理小販阻街和熟食檔衛生問題時，往往手下留情，態度徘徊在「寬鬆放任」與「嚴加規管」之間。1936 年，政府文件顯示持牌大牌檔有 706 檔，流動熟食小販則有 5,140 檔；但後來市政局加強規管，兩者數目在 1941 年分別下跌至 413 檔和 992 檔。

必有一檔在附近 —— 大牌檔的黃金時代

第二次世界大戰後，香港人口急速上升，百廢待興，市民生計急待解決，政府惟有放寬申請熟食檔牌照限制，以增加就業機會，並為低下階層提供廉價飲食場所。影響所及，街頭巷尾小販日多，熟食攤檔如雨後春筍般湧現。1956 年初有牌熟食檔多達 1,182 檔，1961 年更創下 1,337 檔的歷史新高，街頭飲食文化盛極一時，是為大牌檔的黃金時代。

大牌檔為食客提供廉價食物，清早有白粥、油炸鬼、腸粉、奶茶、多士，亦中亦西；中午有燒味飯、雲吞麵、炒河粉等，豐儉由人；晚上則提供碟頭飯和各式小菜，甚至家鄉風味菜餚，色色俱備。初期各攤檔只專注於某一類食品，客人可以在不同檔口挑選心頭所好，集各家所成後，再坐下來慢慢享用，攤檔之間亦能互相合作，關係密切。再者，大牌檔食物一般即叫即煮，且採用火力較猛的火水爐煮食，故鑊氣十足，廣受歡迎。

1941 年，衛生督察史提芬斯提交的一份小販問題報告，調查了中環、灣仔、西營盤等地的大牌檔食品價格。報告提到的飲品包括阿華田、哈古、咖啡、奶茶、清茶、煉奶、蒸餾水等；小食有麵包加牛油或果醬、蛋糕；主食則有牛肉飯、鹹魚飯、烤肉飯、牛肉麵、魚飯、魚蛋麵、雲吞麵、牛肚麵、牛肉粥、牛肚粥等。由此可見大牌檔的食物中西兼備，選擇繁多，不單將西式飲食平民化，更有日後盛行的茶餐廳中西合璧的影子。

大牌檔 —— 大眾飯堂、平民夜總會

大牌檔每多聚集於某些街道和區域，成行成市，非常熱鬧，是普羅大眾的美食天堂。例如人稱「為食街」的中環士丹頓街，馳名海外，連一代笑匠

差利·卓別靈（Charles Chaplin）在 1932 年訪港時也有意親臨參觀，了解香港低下階層「踎大牌檔」的文化。現將幾個香港飲食史上重要的大牌檔集中地，介紹如下：

時間	環境 *	街頭美食 *	來源
1920 年代至今	士丹頓街的熟食小販和攤檔林立，有「為食街」的美譽，街的兩面擺滿了東西，不少人都跑來這裏吃午餐，處處是叫賣聲，是可愛的露天大食店。	提到的食物有東風螺、鹹脆花生、孖根牛腩、牛肺、豬血粥、糖醋蘿蔔、甜涼茶、清補涼、湯圓、雲吞麵、叉燒包、馬蹄粉等。	1927 年《華僑日報》〈為食街的叫聲〉
1950 至 2000 年代	上環南北行附近的有一條像蚯蚓似的彎彎曲曲的小巷，這就是潮州巷仔。這裏充滿潮州情調，小巷擠滿二、三十個檔口，各種潮州美食應有盡有，價錢廉、味道好，不論貧富，是吃潮州菜的好去處。	所賣的是清一色的潮州食物，一般是四季咸宜的牛肉丸、豬肉丸、魚丸粿條、魚粥、撈餃；甜品有芋泥、水晶包、白糖蓮子百合等。秋去冬來，有蠔烙、沙嗲、生窩、魚腥上市。	1953 年《大公報》〈潮州巷仔潮州味〉

1960 至 1990 年代初	上環舊港澳碼頭附近，有一個日間用作露天停車場，晚上變身小販擺賣的地方，稱為上環新填地，又稱上環大笪地。此地雲集各式小販、街頭賣藝者、風水面相檔，當然也少不得叫人回味的大牌檔，有「平民夜總會」之稱。	這處是美食天地，可以嚐到別具風味的地方美食潮州炒蜆、蒸螺、蟹、廣州著名燒臘、上海窩貼、南洋食品沙嗲牛肉等；冬天更有炒糯米飯、蛇羹、打邊爐，甜品飲料有紅豆沙、清補涼、五花茶等。	1983 年《華僑日報》〈平民夜總會食品價廉宜〉
1920 年代至今	九龍廟街天后廟前空地種有多棵榕樹，吸引街坊聚集，入夜後有江湖賣藝，占卦算命、當街賣唱、說書講古等，熟食攤檔林立，漸漸發展成為「平民夜總會」。	這處當紅炸子雞只需二元、有廣州名廚主理的燉草羊。粥檔四、五十之多，有柴魚花生粥、魚生艇仔粥、牛肉及第粥、田螺蜆肉，令外省人大驚失色的水蛇粥等。	1961 年《工商晚報》〈僅存的平民夜總會九龍榕樹頭素描〉

* 表內文字儘量引用報章原文，但為行文流暢，略有改動。

● 大牌檔全日營業，美食廣受市民歡迎。(《工商晚報》，1964 年 9 月 13 日)

● 中環大牌檔組成的「為食街」聞名中外，一代巨星差利亦有所聞。(《工商晚報》，1932 年 4 月 20 日)

價廉物美 —— 大牌檔闖出名堂

　　個別大牌檔或因烹調得法、味道出眾，或因推陳出新、別出心裁，故得以聲名大噪，成為香港飲食界傳奇，如蘭芳園的絲襪奶茶、麥奀記的雲吞麵、民園麵家的牛腩麵、玉葉甜品的紅豆沙等。其實，許多馳名的茶餐廳或酒樓食館，前身都是大牌檔，如中環鏞記。甘穗輝先生於 1937 年在中環開檔，售賣粥粉麵飯，燒鵝飯深受歡迎，當時毗鄰有一咖啡檔「鏞記」，甘氏建議檔主麥鏞聯營，二人一拍即合。後來，甘穗輝更以四百元積蓄，頂下整個牌檔，繼續以鏞記之名經營。1942 年，日軍為衛生問題，有意取締大牌檔，甘氏乃接手當時的華南冰室，從街頭搬入店舖，轉危為機，日後發展成世界知名食府。

　　又例如灣仔的再興燒臘飯店，家族於光緒末年起經營廣東燒臘，戰前於灣仔克街開業，初期只是街邊大牌檔。1980 年代克街重建工程展開，市政局收回街上各檔販牌照，再興惟有遷至灣仔史釗域道開店經營。該店曾獲米芝蓮推介，美國 CNN 形容再興的叉燒是「四十款生命中不能或缺的香港食品」，可見山雞變鳳凰，大牌檔也可闖出名堂。

● 中環著名食府鏞記以大牌檔起家

● 再興燒臘飯店因重建工程從街邊搬入地舖

「大牌檔」還是「大排檔」—— 誰是正確答案？

至於大牌檔之名，有人稱之為「大排檔」，取其大排筵席之意，以描述街道上一字排開的熟食檔。然而，「大排檔」只是坊間約定俗成的說法，「大牌檔」才是如假包換的金漆招牌。早在1847年，港府已發放小販牌照，管理各種街頭攤檔，官民多稱之為「熟食檔」。1921年，政府將小販分成流動及固定牌照兩種，前者稱「小牌」，後者稱「大牌」。「大牌小販」不限於提供食物之熟食攤檔，還包括出售各式貨品者在內的攤檔，如布匹、雜貨、舊書、香煙等；出售食物的也有「大牌小販」（固定）和「小牌小販」（流動）之分。

及至1950年代，「大牌小販」和「熟食攤檔」漸漸合而為一，先是有熟食大牌和非熟食大牌小販之分，後來領有大牌者多數為熟食檔，故出現「熟食大牌檔」的名稱，市民亦習慣用「大牌檔」稱呼固定熟食攤檔。有說這些獲發牌照的固定熟食攤檔，多會將牌照裝裱妥當，掛於當眼之處，以備政府人員查驗，故食客習慣稱之為「大牌檔」。無論如何，1950年代起，「大牌檔」的說法已街知巷聞，各大報章開始用「大牌檔」形容固定的熟食檔，而「大排檔」一詞則較後出現，1960年代起亦有人使用這稱呼，故兩者同時並存，實不必再區分誰是誰非。

● 大牌小販不限於熟食攤，還有出售香煙等貨品的。（《工商日報》，1928年5月5日）

● 小販牌照有大牌小牌之分（《工商日報》，1931年8月16日）

● 報章多用大牌檔稱呼
熟食固定攤檔（《工商
晚報》，1957 年 10 月
4 日）

● 「踎大牌檔」的民風由來以久，
圖為南華會著名足球員單友
生「踎大牌檔」，吃牛腩粉。
（《工商晚報》，1955 年 7 月
1 日）

時代變遷 —— 大牌檔走向窮途末路

　　隨著經濟發展和城市建設，香港政府在 1970 年代進一步監管大牌檔，修訂牌照繼承法，規定持牌人身故後即收回牌照。在各界極力爭取後，政府才改為若持牌人遺孀及子女經濟環境不佳，或有從事大牌檔經驗，方可繼承。結果當然是大牌檔隨著持牌檔主退休或離世而自然流失。另一方面，政府興建多層市政大廈，將街頭小販搬入內設的熟食中心經營，街邊大牌檔更是買少見少。市政局於 1983 年推出特惠補償，鼓勵交回牌照，大牌檔漸漸走向式微。踏進 1990 年代，地產市道蓬勃，舊區重建如火如荼，大牌檔紛紛拆遷，部分從此結業，部分遷入店舖，面臨被淘汰的命運。

絕處逢生 —— 大牌檔的命運交叉點

2005 年大牌檔「民園麵家事件」發生，持牌人黃光慶逝世，遭食環署收回牌照。民園要求政府把牌照轉讓給非持牌的經營者，但未獲批准，引起社會關注，掀起了一場大牌檔保育運動，立法會亦通過「大牌檔文化承傳政策」議案，迫使政府在 2008 年起容許大牌檔牌照於持牌人離世後由非直系親屬繼承。

時至今日，真正的街邊大牌檔只剩下近 30 家，多數大牌檔已經結業，部分或搬進店舖，部分或遷至市政大廈或臨時熟食小販市場。僅存的街邊大牌檔多集中在中環及深水埗，著名的有中環士丹利街的盛記、伊利近街的玉葉甜品、結志街的蘭芳園、吉士笠街的水記、美輪街的勝香，天后的炳記，深水埗福榮街的林泉記、石硤尾街的增輝、基隆街的強記等。曾幾何時，大牌檔是香港普羅市民的至愛，價格相宜，選擇又多；雖然數目愈來愈少，但仍是香港地道文化的一部分，是不少港人的集體回憶，希望它們能在香港這個美食天堂繼續發光發熱。

● 政府在 1970 年代起規定大牌檔持牌人去世後，將不准繼續經營，打擊大牌檔的傳承，經各方極力爭取，才准家人繼承牌照。（《華僑日報》，1970 年 6 月 16 日）

● 大牌檔的搭建式樣由政府統一指定，攤檔是深綠色方形鐵皮屋，內有煮食爐具，旁邊有用鐵架搭成的爐灶，檔前有一長椅，可以供食客「踎大牌檔」。

我和美食有個約會

美食遊蹤

❶ 盛記

地址：中環士丹利街 82 號舖外
（港鐵香港站 E1 出口，步行約 5
分鐘）

已有 50 年歷史，開設在橫街窄
巷的舊式大牌檔，提供各式各樣
風味小炒，午飯時段常會爆滿，
推介美食有椒鹽鮮魷、生炒骨、
炒蜆炒蟹等。

● 盛記：令人難忘的街頭風味

❷ 水記

地址：中環吉士笠街 2 號牌檔
（港鐵香港站 E1 出口，步行約 5
分鐘）

街邊大牌檔，開業逾 60 年，現
由第三代傳人林建永先生打理，
新鮮的牛腩粉、牛什遠近馳名。
運氣好更可以吃到一些在其他牛
腩店很少吃到的牛內臟（如牛沙
瓜，牛四個胃之中最小的一個）。

● 水記：斜路上的美食

吃海鮮的輝煌歲月 —— 恐成絕唱的海鮮舫和避風塘

香港位處中國東南遼闊的海岸線上,自古以來就是一個漁獲豐富的區域,海鮮種類繁多,供應量驚人,漁民固然以海鮮為主要食物,漁獲在各地市場上出售,各式海產早已走入尋常百姓家。

香港仔 —— 港人食海鮮的聖地

昔日交通不便,供應市區的都是死魚,故在 1930 年代以前,香港酒樓食肆鮮有海鮮可吃。要吃新鮮海產,必須乘車遠離市區,到新界地區如大埔、元朗等地。當地船家艇戶,捕得石斑、龍蝦等海產,會交到附近專門炮製海鮮的酒樓,從市區來的食客也可在碼頭向艇家購買,再交予酒樓烹煮成各式佳餚美饌,酒樓從中收回若干費用,情況跟今日到西貢食海鮮大同小異。只不過昔日新界的公共交通網絡乏善可陳,到新界吃海鮮自然是富貴人家、有車階級的專利。及至 1933 年,中華巴士公司取得港島區公共汽車專營權,往來香港仔與其他地區的交通大為改善,香港仔漸漸發展為市民食海鮮的「聖地」,開啟了「海鮮舫」的歷史。

1855 年《遐邇貫珍》第 5 號記載了港島各處所泊船隻的情況,其中香港仔石排灣有貨船 3 隻、渡船 8 隻、漁船 132 隻、賣飯食船 1 隻、三板(舢舨）469 隻,堪稱是船隻雲集的漁港,數目僅次於港島北岸的裙帶路(指中區維多利亞城）。當地漁獲最初只賣給鄰近鄉民,後來黃埔船塢於香港仔發展,區內又有工業,大量消費力較高的華洋職工聚居,海產銷路因而大增,停泊於當地的漁船也愈來愈多。

漁民的水上酒家 —— 歌堂船

水上人遇有天后誕和譚公誕等重要日子,或是家中要辦喜事,都會在「菜艇」上大擺筵席。菜艇又稱「歌堂躉」或「歌堂船」,因船上有「歌堂」作為唱歌跳舞和宴樂助慶的舞台而得名。歌堂船作為漁民的水上酒家,由來已久,上述 1855 年《遐邇貫珍》提到的「賣飯食船」正是這類菜艇,也記載

了當時全港唯一的菜艇。後來，「歌堂船」愈來愈多，1930年代的「九記」、「合記」較為著名，1940年代末則有「全記」、「貴記」。歌堂船通常是一艘小船充當廚房，旁邊泊一大船供飲宴之用，一般可擺五至六桌酒席，所用的是傳統八仙桌，四方形枱面，八人一圍，堪稱本港海鮮畫舫的「鼻祖」，只是裝修陳設和船體大小不及後來的海鮮舫而已。

早期的「歌堂船」只做水上人酒席生意，後來接待區外客人，據說是因為不少市民在鴨脷洲和香港仔墳場完成喪葬或拜祭儀式後，會坐駁船到鄰近的「歌堂船」吃拜山飯或解穢酒。踏入1930年代，香港仔設有公共汽車服務，7號線行走於干諾道西至香港仔，市民自此不用長途跋涉前往新界，只須到香港仔海邊便可以品嚐海鮮了。外來食客與日俱增，海鮮艇數目隨之增長，艇家會特備大量浮於海上的竹簍，簍中放滿各式鮮活海產，以長繩繫於艇尾，供客人選擇。當然，客人也可在岸上自行購買海鮮下船，海鮮艇則賺取烹煮費用。食客盈門，部分菜艇專做區外客人生意，並在裝修陳設上推陳出新，參考廣州流行的「紫洞艇」，以美輪美奐的外觀吸引顧客。

「紫洞艇」—— 海鮮舫的前世與今生

「紫洞艇」創自清代廣州官員麥耀千，麥氏為南海縣紫洞鄉人，為方便往返廣州與紫洞，命人建造一艘豪華畫舫，艇體裝修華麗，船身嵌有雕花玻璃，坊間稱為「紫洞艇」。此後，廣州豪門富戶爭相仿效，自設華麗遊艇；也有商人專營水上高級食肆的生意，於船上提供海鮮美食，供人飲宴作樂。與「紫洞艇」唇齒相依的就是「花艇」。成書於清嘉慶十三年（1808）的《浮生六記》記載：「先至沙面（按：在今日廣州珠江）。妓船名「花艇」，皆對頭分排，中留水巷以通小艇往來 …… 縱橫如亂葉浮水者，酒船也；閃爍如繁星列天者，

酒船之燈也。」文中的「酒船」就是「紫洞艇」，如同陸上的酒樓，提供飲宴服務；妓女則長駐「花艇」之上，穿梭水道之間，等候「紫洞艇」的客人邀請上船陪酒。1950 年代的油麻地避風塘也有類似的情況，私娼活躍，妓女坐於小舟上泊近載客小艇，向船上食客招攬生意，而停泊於香港仔的海鮮艇就只提供食物，不涉娼妓行業，與 1950 年代興起的銅鑼灣避風塘水上酒家相近。

「花尾渡」變身海上食府

至於大型海上食肆，也於稍後時間在香港仔出現。1938 年，侵華日軍兵臨廣州，兩艘行駛於番禺、江門等地的「花尾渡」被迫停業，泊於香港仔。「花尾渡」是 1920 年代起流行於珠三角的內河大型客船，船身屬樓船式樣，有上、中、下三層，裝修美輪美奐，但船體無動力，需依靠另一機動船隻拖行（此為「拍拖」一詞的由來，因昔日社會風氣保守，談戀愛的男女在街上一前一後行走）。這些「花尾渡」有感復航無望，又眼見菜艇生意興隆，便與酒樓業界合作，將「花尾渡」改裝成大型海鮮食肆。這些水上食肆除了有一艘充當廚房的小艇泊於旁邊，也有另一載滿海鮮的小艇在旁，方便客人選購。由於這類船隻裝修較佳，船身隱固和安全，吸引不少富有人士光顧，是為大型海鮮舫的前身。原有的海鮮菜艇則服務中下階層，為漁民包辦筵席，供收入較低的市民品嚐海鮮。

海鮮畫舫的誕生

1940 年代後期，大量難民因戰事來港定居，當中不乏來自江浙的富戶股商，為海鮮舫增加客源，大型海鮮畫舫亦應運而生。1946 至 1947 年間開

業的有「漁利泰」和「廣寒宮」，前者由傳道船改建而成，設有為漁民舉行婚嫁的禮堂，後者由日軍登陸艇改建而成，裝修陳設較為簡陋，但上下兩層合共可擺 22 席。著名的太白海鮮舫則於 1950 年開業，最初是一艘木製登陸艇，1952 年由 105 呎長的豪華畫舫取代。1955 年，美國荷里活電影《生死戀》（*Love Is a Many-Splendored Thing*）在香港仔和太白海鮮舫取景，令海鮮舫名噪一時，成為訪港遊客必到景點。這些海鮮舫最初只提供海產，後來在顧客要求下加入各式小菜，食客既可選擇套餐，也可叫散餐，各適其適。

海鮮舫 ── 從三國鼎立到天下一統

在 1960 至 1970 年代，海鮮畫舫進入黃金時期，在香港遍地開花。1961 年，太白更換成 150 呎長、樓高兩層的豪華大船，舊船則搬至青山灣容龍別墅對開的海面繼續經營。沙田畫舫於 1963 年在沙田何東樓對開的海面開業（後遷至沙田墟附近）。至於香港仔，全盛時期有海鮮舫七艘之多，1976 年正式開業的珍寶海鮮舫，採用仿中國宮廷設計，裝潢極具氣派，被譽為「世界上最大的海上食府」，跟 1958 年開幕的海角皇宮海鮮舫及上述的太白海鮮

● 太白海鮮舫新船下水的報道，當中亦提及舊船會拖到清山灣繼續經營。（《華僑日報》，1961年 2 月 13 日）

舫，形成「三船鼎立」的局面。

　　1978 年，因應香港仔海旁填海工程，三艘海鮮舫從香港仔避風塘遷至深灣。1980 年代初，珍寶海鮮舫先後收購太白海鮮舫（1980）和海角皇宮（1982），結束各大海鮮畫舫爭雄逐鹿的日子。惟 1997 年亞洲金融風暴後，海角皇宮結業；珍寶海鮮舫和太白海鮮舫於 2003 年進行翻新，合稱為「珍寶王國」。可惜於 2022 年，珍寶海鮮舫因新冠疫情而停業，決定啟航離港，卻在南海因入水而沉沒。幸好碩果僅存的太白海鮮舫在 2023 年宣佈修復大計，有望再展光華，傳承本港海鮮畫舫的珍貴飲食文化。

● 海角皇宮的開幕報道（《華僑日報》，1958 年 7 月 10 日）

● 沙田畫舫廣告（1973 年《華僑日報》出版《香港年鑑》）

● 珍寶海鮮舫開幕廣告（《華僑日報》，1976 年 10 月 19 日）

● 海角皇宮廣告（1975 年《華僑日報》出版《香港年鑑》）

避風塘食海鮮

1950 年代，香港人口大增，人們娛樂消閒的選擇不多，加上空調並未普及，市民愛到海邊避風塘散步納涼。銅鑼灣和油麻地內有經營街渡的艇家，他們發揮生意頭腦，做起遊船河的生意，其後又發展出大批食艇，向遊船河到避風塘的市民提供各式海鮮和美食。踏入 1970 年代，香港經濟起飛，不少市民下班後愛到避風塘食海鮮，而吃宵夜的也大不乏人。當時艇費只收數元，到達避風塘後就向食艇點菜，興之所至時可以在歌艇點唱，度過一個愉快的晚上。平民化的食物有燒鴨湯河、泥鰌粥、炒蟹、東風螺、各式小炒等；貴價的當然可選石斑和龍蝦。這時避風塘就變成了富戶豪客的銷金窩。1995 年，港府立法禁止在舢舨上煮食，避風塘風情成為絕響，部分艇戶搬到陸上開舖經營，算是延續了避風塘海鮮的美食傳統。

海鮮從海中走上陸地

除避風塘外，1950 年代海鮮也從海中走上岸上，進駐酒樓，第一批有著名的新亞怪魚酒家。酒家位於灣仔及銅鑼灣之間，門前設有水箱，養著各種外貌奇特的怪魚（石斑等），路人可以看到正在游水的生猛海鮮，食客也不會只吃到冰鮮的魚。由於新亞怪魚酒家高朋滿座，其他食肆爭相仿效，各地湧現了大量海鮮酒家。競爭日趨激烈，食肆也要出盡噱頭，吸引顧客，位於中環的小杬公，正是當中的表表者。1940 年代後期，不少來自中山小欖和順德大良的廚師，因戰事而到港謀生，以大牌檔起家，之後在中環、沙田、尖沙咀等地開設高級食肆。為保證海產鮮活味美，小杬公不惜花巨資組成船隊，派出潛水銅人深入新界吐露港海底捕撈海產，開創業界之先河，充分證明香港人追求美食的熱情，可以「去到好盡」。

有關潛水銅人
捕撈海鮮的報
道（《華僑日
報》，1957 年
4 月 24 日）

中記 海鮮酒菜

咩貴啱！

游水生蝦
生猛海鮮
時
菜炒賣
名爐燒烤
△馳名▽
午
金銀菜
市
豬肉湯

干諾道中一百四十三號
電話：三四八○一
四二五二○
四七二○○

● 海鮮酒家廣
告（1963
年《香港經
濟年鑑》）

西貢及鯉魚門的漁港風情

　　至於專門提供海鮮的食肆集中
地，除了香港仔，還有西貢和鯉魚
門。1980 年代，香港捕魚業走下
坡，不少西貢的漁戶另謀發展，先是
於岸上開設海鮮攤檔，出售海產，之
後是經營海鮮酒家，最終發展成今日
海鮮食肆林立的西貢海鮮街，並搖身
一變為香港著名景點。

● 不少市民走入西貢吃海鮮

　　鯉魚門海鮮食肆的歷史較長，始於 1960 年代。據說最初只有三隻海鮮
艇，分別為和財記、妹記、庭記；之後在海濱學校一帶又開設了一些海鮮
檔。當時，市民在鯉魚門購買海鮮後，會付款給當地的食肆，請他們將海鮮

烹調，海鮮酒家就這樣出現了，早期的有宇宙海鮮海家（1970年開業，今日著名食府南大門的前身）。踏入1970年代，香港經濟起飛，市民喜歡到鯉魚門吃海鮮，外地遊客又慕名而至，鯉魚門搖身一變成為海鮮聖地，與香港仔及西貢，鼎足三立。

● 西貢海旁的
  洪記海鮮

● 海鮮大餐

我和美食有個約會

美食遊蹤

❶ Club ONE（又名「水中天」）

地址：沙田大涌橋路 55 至 57 號（港鐵
沙田站轉乘 284 號巴士）

沙田畫舫因沙田墟填海工程結束後，敦
煌酒樓集團在 1986 年於城門河畔興建
敦煌畫舫。2002 年集團結業後改為明
星海鮮舫，到 2017 年再由婚宴公司會
所 1 號（Club ONE）承租。午市提供中
式點心，晚市除婚宴外，也提供海鮮和
小菜，食客可回味昔日沙田畫舫的時光。

● Club ONE，敦煌畫舫的
前身。

❷ 全記海鮮菜館

地址：西貢萬年街 87 至 89 號地下（港
鐵沙田站轉乘 299 號巴士，或於彩虹采
頤花園乘 1A 小巴到達西貢碼頭）

店主一家出身漁戶，1988 年上岸開設
漁檔，1989 年開設全記海鮮酒家。當
時西貢海鮮酒家不多，全記瞬間打響名
堂，近年更連續七年榮獲米芝蓮「全香
港最佳食府之一」之殊榮，特別推介古
法椒鹽鮑魚和椒鹽瀨尿蝦。

● 全記海鮮菜館

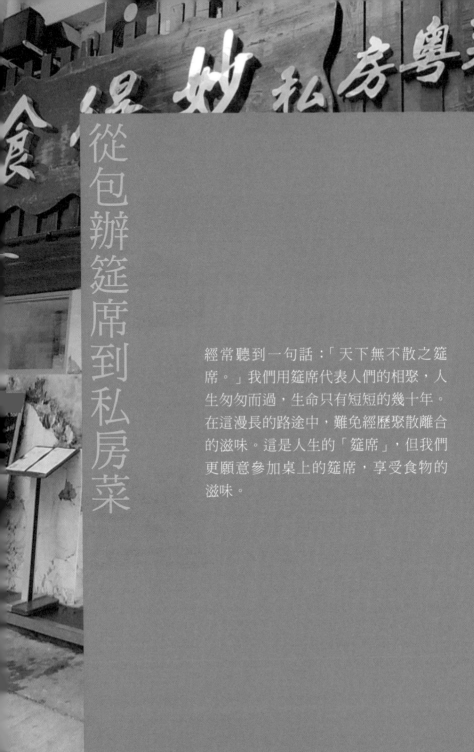

從包辦筵席到私房菜

經常聽到一句話:「天下無不散之筵席。」我們用筵席代表人們的相聚,人生匆匆而過,生命只有短短的幾十年。在這漫長的路途中,難免經歷聚散離合的滋味。這是人生的「筵席」,但我們更願意參加桌上的筵席,享受食物的滋味。

中國筵席文化

當人們聚在一起慶祝特殊場合時，筵席文化是一個重要的元素。筵席文化是指在特殊場合，如婚禮、生日、節日等，人們聚在一起享用美食和進行社交活動的傳統。這種文化在世界各地都有，並且不同文化有著不同的形式和意義。不僅僅是關於食物，它也是關於社交活動和慶祝。在筵席上，人們可以跟家人和朋友分享他們的喜悅和感恩之情。這種社交活動可以幫助人們建立更緊密的關係，並且增強凝聚力。

筵席必須在特殊場合下辦嗎？一定要在酒樓食肆進行嗎？答案是不一定，因為人們家中也可以是大擺筵席的場所。新一代可能未聽過「上門到會」這四個字，但這種設宴款客的方式由來已久，曾經盛極一時，是上一代港人的集體回憶。所謂「到會」，就是請酒樓食肆、西式餐廳、專門包辦筵席的店鋪，派專人到家中或在某些場地即場製作菜式，提供飲宴服務，故又稱作「包辦筵席」。

包辦筵席由來已久

王隱菊等著的《首都三百六十行》介紹清末民初北京市面的各行各業，當中有「散包廚子」。書中提到：「舊社會有很多廚師傅，有手藝而無職業，當了散包廚子。他們在自己家門口張貼招牌，上寫『某寓，專應喜慶堂會，承做各種酒席』字樣。為了招攬買賣，每天清晨要到茶館（按：名為上街口或口子），以喝茶為名打聽生意。遇有雇用者，即扶起包袱，內包有圍裙、套袖、鑊 、搌布、菜刀等，來到辦事的住戶家。」

中港文化同出一脈，同根同源，昔日香港市面也有這種「散包廚子」，

名叫「包辦筵席」。昔日高級食肆為數不多，富家大戶喜歡在所居的豪宅內「擺酒」設宴。他們有時會向著名的大酒樓預訂酒席，由酒樓派出廚師和伙計，帶同一切用具和食物，到家中提供服務。有時富戶名流賞識某間酒樓的菜式，家中設宴時便會借用其廚師，當然酒樓可從中賺取一筆收入，廚師也會收到豐厚的打賞。此外，也有一些廚師擁有頂尖廚藝，或擔任富戶家廚，或在酒樓食肆掌勺，後來在工作中認識了一些殷商富戶，擁有良好人際網絡，便出來自立門戶，經營包辦筵席的生意。

到會形式多變——水陸皆宜

包辦筵席的經營方式大致有三：第一是廚師只負責上門製作菜餚，一切用品和食材由東家提供，廚師只賺取烹飪的工錢。第二是連工包料，不但負責所有食材，連所需桌椅、碗筷、大煲、鐵鑊，甚至煮食用的炭爐和木炭等，也會一手包辦，彷彿將整間店舖搬到別人家中；每次出動，至少三人隨行，一廚師，一侍應，還有一「執頭執尾」的雜工。第三是仿效酒家的經營，一些承辦筵席的店舖，擁有寬敞場地的，可提供地方予客人擺酒設宴，只要客人先行預約和落訂金，即有地方供其大擺筵席；特別是香港政府於1921年實施租務管制，凍結租金及遏止業主迫遷，這類食店得蒙其利，在低廉租金下覓得生存空間。

不得不提的是，包辦筵席原來是「水陸皆宜」，上一節提到水上人家光顧的「菜艇」也會提供「到會」服務。在水上人的船艙內鋪上木板，筵開多席，菜艇就泊於旁邊煮食，為漁戶提供「水上到會」。

豐儉由人，不論貧富，不分東西

提供包辦筵席的，有高檔酒家和著名廚師，專做上等的佳餚美饌。昔日市面算得上是體面和高級的食肆為數不多，僅有的幾家大型酒樓都價格昂貴，而且富戶豪門家中有寬敞大廳和幽美花園，私隱度高，高談闊論時無所顧忌，故在家中設宴就最適合不過。

當然，也有一些中下級的酒樓會兼營包辦菜餚的生意，一些草根階層遇有喜慶之事，就會光顧這些食肆。例如居於唐樓板間房的，或會到戶外街巷設宴，又或是將板間房的木板先行拆去，待擺酒後重新裝上。1954 年中聯出品的電影《父與子》，其中一幕就是由張活游飾演的父親，為兒子（阮兆輝飾演）的生日會辦「到會」，他光顧的正是這類低檔酒樓，設宴的地方就是所居舊樓的板間房。一眾房客同心協力，將屋中間隔用的木板拆去，騰出空位擺放幾張大枱，以便設宴迎賓。

由於生意興旺，不少大型酒樓，甚至酒店餐廳，也加入競爭的行列，1936 年 5 月 12 日《華僑日報》刊登大東酒店的廣告，就推介「兼營上門包辦酒席，取價特別相宜」。此外，1969 年正式開業的森美餐廳，其西餐味美可口，不少達官貴人都是座上客，一些熟客如英治時期的兩會議員鄧蓮如在家設宴，就會邀請其大廚葉聯上門，做西餐到會服務。可見「包辦筵席」不但無分貧富，更是不分東西，充分展現香港中西交融、兼容並蓄的一面。

● 1936 年《華僑日報》廣告，酒店也提供上門到會。

包辦筵席的黃金時期

1950 至 1960 年代是「包辦館」或「包辦筵席館」生意最興旺的時期。《華僑日報》1952 年 10 月 13 日的報道提到，包辦筵席價錢相宜，低下階層都捨棄酒樓而選擇上門到會，節省辦喜事的使費，包辦筵席館也因此搶去酒樓不少生意。事實上，二次大戰後香港經濟欠佳，百業待興，市民消費力有限，包辦筵席因緣際會，成為「淡市奇葩」。1955 年《香港年鑑》包辦筵席業的欄目中就有 24 間包辦筵席館，其中有位於油麻地的有大來筵席專家、東南筵席專家、華倫；開設於深水埗的鄧洪記、梁華筵席；銅鑼灣及灣仔有中國、文園筵席專家、鄒隱記、喜臨門、瑞興、榮華筵席專家、錦源、昭樂等。這些地區都是包辦筵席館的集中地。

今日一代名人食府福臨門（福記）就是從包辦筵席起家。創辦人徐福全先生最初出任廣東銀行創辦人梁季典的家廚，服務梁家長達 12 年，不但練得一身好廚藝，更結識了大批曾到梁家作客的紳商名流，在上流社會薄有名聲。1948 年，40 歲的徐先生毅然自立門戶，創辦「福記」（1953 年改名「福臨門」），專營包辦筵席的生意。福臨門的生意愈做愈旺，有時甚至一晚要走三、四場，到多個地方做菜。家住半山、飛鵝山等豪門貴客，有時筵開十數席，當中少不了鮑參翅肚等名貴菜式，每席甚或作價萬元，利潤自然豐厚。福臨門生意漸上軌道後，徐先生還自置一間樓高四層的物業，三、四樓自住，二樓做貨倉，一樓則開設門市，在包辦筵席外兼做堂食。由於增設門市堂食，福臨門有幸逃過之後包辦筵席館的結業潮，甚至華麗轉身，成為一代知名食府。

● 報道提到包辦筵席價錢便宜，低下階層強捨酒樓而光顧。（《華僑日報》，1952 年 10 月 13 日）

● 報道指酒樓為競爭而做上門到會（《大公報》，1955 年 1 月 14 日）

● 1951 年包辦筵席廣告

● 1966 年包辦筵席廣告

包辦筵席沒落，私房菜興起

踏入 1970 年代，大型酒樓和夜總會與日俱增，附設豪華大禮堂，裝修陳設美輪美奐，到會筵席日漸式微。再者，六七暴動後，有錢人紛紛離港暫避，不少店舖生意大跌，飲食業亦難倖免。更重要的是，包辦筵席店多開設於舊樓，租金低廉，經營成本較低，但隨著舊區樓宇拆卸重建，不少包辦筵席店未能在同區覓得租金相宜的舖位，惟有結業收場。1976 年《香港年鑑》所列的包辦筵席店已跌至 18 間，著名的字號歐燦記、大喜慶等仍繼續支撐經營。

幸好，隨著私房菜的興起，包辦筵席以「另類」的形式在香港飲食業中發熱發光。正如上文所講，香港早期的富戶多會自聘家廚，在家中大宴親朋，堪稱私房菜之始祖，只不過食客不費分文而已。

● 報道提及包辦筵席因租金和酒樓競爭而日走下坡（《華僑日報》，1973 年 3 月 11 日）

私房菜文化起源 —— 名門家宴

　　私房菜文化起源於中國南方，尤其是廣東和福建地區。當地人常在家中烹飪美食，與家人和友好分享，這種文化傳統在香港得以延續，逐漸演變成獨特的飲食文化。舊時名門望族為了保障社交的私密性和展示個人品味，喜歡在府邸設家宴，而非在酒樓辦筵席。數最有名的家宴，莫過於廣東近代的江太史 —— 江家。江太史涉獵飲食範圍甚廣，精研飲食，在百年前可說是「從農場到餐桌」的先驅人物，有「百粵美食第一人」的稱號。據江太史的孫女江獻珠憶述童年說：「太史第中，除大廚外，家裏還有西廚，點心廚師，幾位茹素的祖母還有一個專用的齋廚娘。」由於太史的口味刁鑽，他鞭策家廚研發新菜式，比如太史蛇羹、蝦子柚皮、太史豆腐等，名滿華南，江太史也成為一代食家。

　　至於第一代私房菜，譚家絕對佔一席位。清王朝滅亡後，譚氏家道中落，譚瑑青以筵席方式維持生計，而當中菜式正是其父、清末官僚譚宗浚宴客的官府名菜。譚瑑青此舉令譚家菜發揚光大，甚至被視為中國第一代私房菜。及後譚氏家廚彭長海經營「譚家菜」，於 1958 年進駐北京飯店，讓現代老饕都可享用清朝官府名菜。譚家菜以燕窩和魚翅的烹煮最為有名，保留翰林府家庭製作方法，魚翅全憑溫水泡透、發透，決不用火鹼急發，以免破壞營養成分。此外，譚家菜吊湯是用整雞（農家養柴母雞）、整鴨、瑤柱、火腿按比例下鍋，用火工二日，將雞、鴨完全熬化，溶於湯中，再過細籮，出醇湯，將魚翅放入湯中，用文火煮上一日，整個魚翅烹煮過程需三日火工。這樣燜出來的魚翅，汁濃、味厚，吃著柔軟濡滑，極為鮮美。

香港私房菜的發展

至於香港一地，位處恆生銀行總行頂樓的「博愛堂」，亦屬早年著名的「私房菜」，曾聘用飲食界一代傳奇的廚師李才掌勺，為銀行高層和客戶服務。李才是江家的最後一位家廚，戰後來港謀生，受聘於恆生銀行。其徒弟之一「崩牙成」之後自立門戶，經營私房菜。「崩牙成」原名李成，早年在上環的一棟唐樓經營私房菜，只招待熟客，光顧的人不僅非富則貴，還要有點人脈才能成為座上客。

踏入 1990 年代，愈來愈多廚師或名人自行創業，在家中或租用舖位為相熟客人提供各種菜式。藝評人劉建威先生於 1998 年與友人在上環經營私房菜，創立「四川大平伙」，提供地道四川菜，開新一代私房菜先河，榮獲「香港私房菜之父」的美譽。及至 2003 年沙士疫情後，香港百業待興，私房菜以家宴和私人宴會的形式大行其道，主事者只須辦理商業登記，手續簡便，瞬間掀起熱潮。

其後，港府加以規管，在 2004 至 2005 年間加強巡查和檢控，發出超過 1,500 張傳票，其中 12 宗個案屬無牌經營私房菜館。及後，私房菜館須與其他食肆一樣，遵守各項基本發牌條件，包括滿足由食環署、屋宇署、消防署等部門所訂明有關衛生、樓宇和消防安全的規定。儘管規管收緊，私房菜如同上門到會，私隱度高，環境優美，氣氛良好，而且菜餚質素有保證和具特色，故仍然門庭若市，造就了香港另一項獨特的飲食文化。

我和美食有個約會

美食遊蹤

❶ 喜粵私房菜

地址：尖沙咀漆咸道南 53 至 55 號
嘉芙中心 6 樓及 7 樓（港鐵尖沙
咀站／尖東站 P3 出口，步行約 3
分鐘）

位處商業大廈內的私房菜館，食物
質素良好，服務貼心周到，是不少
人推介的食肆。

● 喜粵私房菜位處商業大廈之內

❷ 大來東南筵席

地址：油麻地廣東道 844 號永發樓地舖（港
鐵油麻地站 A1 出口，步行約 3 分鐘）

「大來東南筵席」是本港最後一間的筵席包
辦館。該店前身是「大來」和「東南」兩
間店舖，分別由甘日新先生和嚴志先生於
1948 年創立。1972 年，兩位老闆決定退
休結業，陳倫先生和友人用十萬元頂手，
把兩個字號合併成為「大來東南」。「大來
東南」提供的筵席靈活而富彈性，不論多

● 1955 年《香港年鑑》
內列出了包辦筵席的店
舖，其中包括今天僅存
的大來和東南。

少圍酒席亦能承辦，只需三至四天前預訂便可，就算場地沒有廚房，
亦可另起爐灶，為客人弄一頓出色的筵席，傳承香港包辦筵席的歷史。

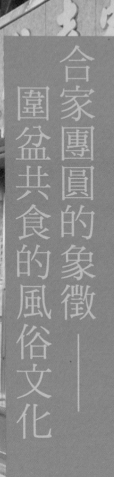

合家團圓的象徵——圍盆共食的風俗文化

盆菜，又名盤菜或食盆。盆菜的風俗起源於新界，傳承至今已有數百年之久。盆菜有著團聚宗族之效，時至今天新界不少氏族依然保留有關風俗，以至食盆文化於 2017 年被列入首批香港非物質文化遺產代表作名錄。隨著社會發展，風俗演變，香港的都市人常於節慶中購買盆菜，讓親友之間圍坐一起，象徵合家團圓，亦衍生出不同種類的盆菜。

盆菜起源

關於盆菜的起源眾說紛紜，有三種主要的說法，最為人熟知的應為宋帝趙昺南來香港引入之說。南宋末年，蒙古軍隊南下攻宋，宋帝趙昺與群臣陸秀夫、張世傑等人南下逃亡。宋帝昺多日逃亡，終逃至新界地區。村民因見宋帝昺飢寒交迫，因而將各人家中僅存的食物煮熟，並將家中木盆作為食物容器獻

● 盆菜

給皇帝。食物層層疊放於木盆之上，成為盆菜之雛形。（沙田文化藝術推廣委員會，《沙田客家圍村研究調查簡報 —— 盆菜 —— 年的味道》〔香港：沙田文化藝術推廣委員會，2018〕）

另一說法同是來源自南宋末年，當時蒙古軍隊南下攻宋，大將文天祥被蒙軍追殺，倉皇越過伶仃洋至東莞。當時部隊糧食短缺，文天祥更留下「惶恐灘頭說惶恐，伶汀洋里嘆伶汀」之句，盡見其無奈。附近的船家為感謝忠臣，將豬肉、蘿蔔、魚蝦共煮一爐，唯沒有容器盛載，故用木盆層層放上食物，贈予部隊。後來，有指因用盆盛菜的方法十分方便，故一直流傳至今。

最後一種說法是從文化傳播及演變角度闡釋的，有學者認為盆菜源自祭祀。湘南土家族人會在祭祖之時將芋頭、番薯、玉米、小米等置於大盆底部，並在上方加上豬肉蒸熟，又名抬格子。族人會在祭祀後圍盆共食，初見盆菜的影子。有說客家人南下時將有關風俗帶入香港，客家人在祭祖時會以鹹菜煮豬肉，並以大盆盛載分食。有如新界原居民祭祖時的「食山頭」，盆菜為主。（鄧達智，〈柏格子盆菜〉，《蘋果日報》，2008 年 1 月 23 日）

新界宗族與食盆文化

不論何種起源，盆菜文化一直在新界一地流傳已久，新界本地圍村傳統會在宗族祭祀、打醮、婚嫁、添丁「點燈」、祠堂開光等場合，烹煮盆菜以饗族人。每逢這些節慶日子，鄉民都會於宗族的祠堂或鄉村的空地擺上數十以至上百席的盆菜，供族人享用。族人圍坐而食，象徵團結。

由於大宴親朋時，多沒有足夠的盤碗，因此以大盆一次性端出各種食物，實為最簡單、最具效率的方式。同時，木盆輕便，易於攜帶，不易碰壞，成為出外祭祀的最佳工具。（巫美梅，《香港節慶風俗美食：盆菜‧九大簋‧素菜》〔香港：中華文教交流服務中心，2006〕）

● 新界保留節日吃盆菜宴的傳統習俗，如大埔水圍和大埔頭兩村就在正月十五日元宵節舉辦盆菜宴。（《華僑日報》，1988 年 3 月 7 日）

傳統的盆菜工驟繁多，往往需要村內大量幫工及師傅同心協力製作。一般盆菜需要準備三天。

第一天，村內大量幫工需要上山斬柴，由於過往沒有石油氣或煤氣，村民需要備足柴火，以供烹製大量的食物。木柴又以荔枝柴為佳，荔枝柴燒烤出來的食物較有濕潤度，煙燻味較淡。

第二天，村民需要購置大量食材，村內的幫工會先清洗和準備食材，再由師傅煮盆，逐一把食物烹煮調味。其中半肥瘦的豬腩肉為盆菜的主角，豬肉需要出水、上色、入味、風乾，後再用猛火迫出油和慢火收水炆製，過程

以柴火烹煮，往往需要達十多個小時，極考驗師傅對火候的掌控。

第三天，師傅和幫工會採用木盆盛載盆菜，一般分為五層，最下層為較易吸收醬汁的食物如蘿蔔、炸枝竹、冬菇、豬皮、饅頭等，夾層放置黃芽白隔味，中層多為南乳燜豬腩，最上層則多是雞、鴨、門鱔、魚等食材。盆菜以燉煮為料理手段，又因食材等與閩菜的佛跳牆高度類似，常被稱為廣式佛跳牆。

以往農村生活艱困，多要於節慶中才有機會進食肉類，故盆菜的排序十分精巧，最下層的食物用作吸收肉汁及油脂，毫不浪費。以往的村民，甚至會以饅頭沾肉汁作為主食。吃盆菜的時候，多會由上至下逐層逐層吃下去，讓肉汁和油脂向下流動，足見

● 元朗十八鄉村民祭祖後在村內吃盆菜宴的情況（《華僑日報》，1962 年 4 月 8 日）

以往新界原居民的節儉與艱困。（陳雲，《難忘香港食與色 —— 城鄉風俗雜憶》〔香港：花千樹出版有限公司，2009〕，頁 164–165）

現代盆菜

過往盆菜只是新界客家人或圍村人的習俗，現時卻成為香港家庭在節慶時重要的食物，其中轉變，香港著名時裝設計師鄧達智的推廣功不可沒。鄧達智 1996 年於屏山鄧氏宗祠舉辦了盆菜席，邀宴款待上二百個文化人、傳媒人，各界傳媒有見此傳統習俗在中華文化上極具意義，爭相採訪，使都市人逐漸認識盆菜風俗。都市人認為眾人圍坐共食盆菜，寓意合家團圓，滿堂吉慶，盆菜亦因而成為重要的節慶食品。

隨著時代發展，不少酒樓、酒店增設盆菜席，連茶餐廳、大牌檔、快餐店和超市也在節日時供應盆菜。2010 年後，市場上更有速凍盆菜，讓市民可以隨時享用。盆菜的器皿亦由傳統的木盆漸改為銅盆、鋁盆、錫箔紙盆等金屬器皿，或以塑膠盆來盛載。

● 盆菜已成家常菜

盆菜的種類更是不斷創新，現時市面上的盆菜有傳統圍村風味盆菜、素食盆菜、魚湯盆菜、滬式盆菜等。市民往往希望在節慶時用上最好的食材，故市面上亦有以鮑參翅肚為主題的名貴盆菜。同時，不少餐廳因應食客的喜好製作出琳瑯滿目的盆菜，如加入龍蝦、肉蟹、螺片、帶子、燒鱔等，再有以糯米飯作底的「海龍盆菜」、「咖哩盆菜」、「麻辣盆菜」、「滷水盆菜」、「冬陰功泰式盆菜」等。（巫美梅，《香港節慶風俗美食：盆菜・九大簋・素菜》，頁11–12）

● 1990 年沙田節，居民吃盆菜聯歡。（《華僑日報》，1990 年 1 月 15 日）

盆菜是香港飲食史上的重要菜式，當中既蘊含中華文化的合家團聚的象徵，亦記載著數百年來的新界風俗文化，更重要的是成為香港市民聯繫親友的重要媒介。

我和美食有個約會

❶ 大歡喜家鄉盆菜

地址：元朗教育路 74 至 76 號地下
（港鐵朗屏站 D 出口，步行約 8 分鐘）

經營四十多年的元朗老字號，提供懷
舊盆菜，以古法炮製，保留傳統圍
村風味。此店特色是位於元朗市區街
舖，交通方便，可以堂食，也可以外
賣及上門到會，食客可各適其適。

● 大歡喜家鄉盆菜

❷ 利苑酒家（沙田店）

地址：沙田新城市廣場一期 6 樓 633
舖（港鐵沙田站 A3 出口，步行約 2
分鐘）

利苑飲食集團於 1973 年由飲食界傳
奇陳樹杰先生創辦，陳先生是民國時
期主政廣東的名將「南天王」陳濟棠
後人，秉承要利盡各方，利人終利己

● 利苑

的家訓，故店舖亦以「利」字命名。利苑由傳統粵菜酒家，發展至享
譽亞洲的中餐品牌，歷年得獎無數，屢獲米芝蓮的星級評價。農曆新
年提供外賣「發財鮑羅萬有盆菜」，可選擇四人、六人和十人的分量，
以方便食客。

Chapter.02

美食背後的
歷史滄桑

點心狀元蝦餃——
來自草根家庭，還是豪門富戶？

● 蝦餃

· 名字 ·

蝦餃。因摺成半月形並打摺，似一把「梳仔」，
故又稱之為「挽梳」。

· 出生地 ·

廣州市郊伍村五鳳鄉

· 出生時間 ·

在 1920 至 1930 年之間

蝦餃是「粵點四大天王」之首，有點心狀元之美譽，今天屬高檔美食，在香港各大酒樓通常被列為「頂點」或「特點」。其起源地為廣州市五鳳鄉，並無爭議，故蝦餃在老廣州口中又稱為「五鳳鮮蝦餃」。不過，蝦餃的始創者是出身高貴的首富之家，還是草根階層的尋常小舖，則未有定論。

蝦餃是民間基層出身？

一種說法是廣州市郊區五鳳鄉與河川毗鄰，盛產鮮蝦，一間家庭式小茶樓就地取材，從河蝦剝出鮮肉，配上豬肉和竹筍作為餡料，以米粉為外皮，製成鮮蒸餃。由於餡料豐富，湯汁具有鮮蝦、筍子的獨特清香，又能提升蝦的鮮味，令食客一試難忘。蝦餃很快便流傳各地，大小酒樓爭相仿效，蝦餃成為遠近馳名美食。

蝦餃生於首富之家？

不過，另一說法指世界第一籠蝦餃誕生在五鳳村河岸的「怡珍茶樓」，而該茶樓正是世界首富伍秉鑒的後人開設。伍秉鑒是清代中葉經營十三行的商人，在中外貿易中獲取巨利，2001 年美國《華爾街日報》（*The Wall Street Journal*）列出了世界歷史上最富有的 50 人，伍秉鑒正是

● 1933 年《工商日報》廣告，如意茶樓以蝦餃燒賣作廣告招徠。

其中之一。話說伍秉鑒是「蝦癡」一名，家中大廚子對煮蝦甚有心得。民國時期，伍秉鑒後人在五鳳鄉經營怡珍茶樓，將家傳煮蝦秘方公諸同好，製成蝦餃這一道點心，吸引無數食客，蝦餃亦應運而生。

·製作特色·

蝦餃製作方法十分講究，以配合其「貴夾吾飽」的上乘點心身分。最初蝦餃的外皮用米粉為材料，餃皮較厚，後來加以改良，以澄麵製成蝦餃皮。由於澄麵是去筋的麵粉，比一般麵粉更黏、更透明，製成品就搖身一變為「水晶蝦餃」。除了晶瑩剔透，蝦餃還講究外觀漂亮，點心師傅要將蝦餃摺成半月形，中間鼓脹，行內人稱為「蜘蛛肚」，餃邊還要有12摺，恍如一件精雕細琢的藝術品。

出色的蝦餃皮還要做到「鴛鴦皮」，也就是一邊麵粉皮較厚，一邊較薄。厚的做餃的底部，令蝦餃不易破穿漏汁；薄的當然是頂部，令餡料若隱若現，方不失「水晶蝦餃」的美譽。為求令蝦肉在蒸煮之後依然爽脆彈滑，一般都會加入鹼水。至於體型方面，有食家認為要一口一隻，讓餃內的肉汁在口腔內爆發，方為痛快，這也是舊日蝦餃的特色。惟時至今日，為了令食客覺得這款「頂點」物有所值，故茶樓的蝦餃皇都是體型龐大，無法讓食客全隻放進口中，反而不美。

● 據《工商晚報》1970年4月29日專欄介紹，由翠園提供的點心蝦餃燒賣，在日本大阪舉行的世界博覽會大出風頭，不少外國人士排隊輪候，更有旅客慕名來港品嚐。

我和美食有個約會

美食遊蹤

❶ 添好運點心專門店

地址：大角咀海庭道 18 號奧海城二
期 G 樓 72 號舖（港鐵奧運站 D3 出
口，步行約 4 分鐘）

添好運點心專門店於 2009 年創
立，是年輕的平民食肆，點心價廉
物美，是屢獲殊榮的米芝蓮星級餐
廳，名滿香江，招牌菜之一是晶瑩
鮮蝦餃，即叫即蒸，遠近馳名。

● 添好運點心專門店位於大角咀
的分店

❷ 和昌飯店

地址：灣仔莊士敦道 62 號和昌大押
1 至 2 樓（港鐵灣仔站 A3 出口，步
行約 1 分鐘）

和昌飯店位於古蹟和昌大押內，店
內裝修獨特，提供雨前龍井蝦餃，
為傳統蝦餃的變奏，蝦餃帶龍井茶
的清香，減少蝦餃本來的油膩口感。

● 和昌飯店位於古蹟和昌大押內

點心榜眼燒賣——
別名最多、分身無限

● 燒賣

·名字·

燒賣。又稱「乾蒸燒賣」，老廣東簡稱為「乾蒸」；又因外型似小油瓶，稱「油埕仔」；各地的稱呼也有異，別名多不勝數。

·出生地·

元朝大都（今日北京）

·出生時間·

元末明初

　　燒賣有許多種稱呼，有「燒麥」、「燒賣」者，亦有「稍麥」、「燒梅」、「乾蒸」者，最初是一種以麵糰為皮，包上餡料蒸熟的小吃，傳說起源於元代大都。燒賣一詞來自蒙古語「суумай」（拉丁字母轉寫為「suumai」），是「沒有冷卻」的意思，也就是指這款食物蒸好後要趁熱吃。由於燒賣一詞起源於蒙古語，當這種點心流傳到不同地方後，當地人就用其方言加以音譯，形成了江浙地區叫燒賣，河南叫燒麥或捎賣，湖北叫稍美或燒梅，山西叫肖米或稍梅，廣東、廣西則把它叫作燒賣。

燒賣在歷代典籍中的記載

來源	內文
元末明初朝鮮人崔世珍《朴通事》	吃幾盞酒之後，吃稍麥粉湯……官人們各自說吃什麼飯：羊肉餡饅頭、素酸餡稍麥、匾食、水精角兒。
明代蘭陵笑笑生《金瓶梅》第四十二回	西門慶只吃了一個包兒，呷了一口湯……，還零四個桃花燒賣，只留了一個包兒壓碟兒。
清代吳敬梓《儒林外史》第十回	席上上了兩盤點心，一盤豬肉心的燒賣，一盤鵝油白糖蒸的餃兒。
清代乾隆年間楊米仁〈都門竹枝詞〉詩句	稍麥餛飩列滿盤，新添掛粉好湯圓。

　　從以上文獻可見，燒賣早見於元代文獻，故坊間主流說法是起源於元朝。初時放入湯中與粉麵同食，明清時發展成放於盤上蒸熟，各地餡料有所不同，有糯米、羊肉、豆沙等，當然也有大家熟悉的豬肉。

名目繁多，變化多端的燒賣

　　燒賣有點心榜眼之稱，跟蝦餃這一位點心狀元，都是廣東點心的「名物」。其款式之多，令人意想不到，單是香港茶居酒樓提供的燒賣，就有數十種之多。1924 年農曆三月十四日開幕的灣仔祿元居，東主梁澄川在《華字日報》連月刊登廣告，推介星期精點，當中提及的燒賣，就有草菇鴨掌燒賣、京醬雞皮燒賣、金銀潤燒賣、雪梨雞片燒賣、雲腿婆參燒賣、菜遠牛肉燒賣、叉燒蝦蓉燒賣、鵪春肉蔥燒賣、父子齊眉燒賣、蝦子生根燒賣、南安鴨腿燒賣、龍穿鳳翼燒賣、菊花魚球燒賣等。同由梁氏開辦的武彝僊館，其廣告推介之燒賣也有杏花雞球燒賣、鹵珍肝燒賣、腰花燒賣、生根雞球燒賣、茄汁斑球燒賣、腎花燒賣等，款式之多，令人目不暇給，實在是「分身」無限。

● 灣仔祿元居星期精點有多款燒賣，變化多端。（《華字日報》，1924 年 11 月 27 日）

● 灣仔祿元居的燒賣名目繁多，創意無限。（《華字日報》，1924 年 12 月 19 日）

武彝僑館星期精點

本館創設已來　蒙各界　惠顧素加愛戴　諸君　光臨　潔雅名貴　各妙製惠　諸君　點式分四厘　四十式至四十八號

武彝僑館星期精點

本館創設已來　蒙各界　惠顧素加愛戴　諸君　光臨　潔雅名貴　各妙製惠　諸君　點式分四厘　四十式至四十八號

● 武彝僑館星期精點有茄汁斑球燒賣（《華字日報》，1924年4月4日）

● 武彝僑館星期精點有腰花燒賣（《華字日報》，1924年3月14日）

· 製作特色 ·

　　燒賣其實起源於包子，不同的地方是頂部不封口，捏成石榴狀。燒賣由北至南，流傳各地，不同地區因餡料不同，衍生了不同種類的燒賣。南方燒賣的餡料多為豬肉，北方的則用牛、羊肉；廣東人的燒賣以豬肉為材料，用上牛肉的就稱為乾蒸牛肉，實行豬牛分家，與北方大異其趣。形態方面，北方燒賣有如開花石榴，燒賣皮在頂部向外翻；南方燒賣則是圓筒形，體型也較小，像小油瓶。

　　廣東燒賣與北方燒賣同源，但經過多年的改良，有了地道的特色和風味。廣東燒賣一般體型較小，以切碎豬肉、肥豬肉、蝦肉為主要餡料，用鮮黃色的薄皮包裹。由於昔日廣東經濟發達，市民對飲食甚為講究，精益求精，燒賣就演化出豬膶燒賣及鵪鶉蛋燒賣等不同的廣東點心。

踏入 1990 年代，香港經濟蓬勃發展，市民生活水平提高，流行在燒賣上加一點蟹黃來點綴，一些食肆為減省成本，多以蟹籽或胡蘿蔔取而代之。部分高檔食府，為求令客人感到物超所值，會將原隻大蝦置於燒賣頂部，燒賣的體積也大為膨脹，跟昔日可以一口一隻燒賣的風味有所不同。

中式點心風行瑞士
瑞航空運二萬件
春卷燒賣饗食家

士大受歡迎，大批在瑞中式食品
點心從香港空運往瑞士。瑞士航
供應當地需求。瑞士航
空往在本週特別空運
一百餘隻當地中式點心往
瑞士，這批中式點心計
人飲，還批中式點心計
六千件數集有一萬八千
寫燒賣，是瑞港航空食
品中最大一批。
和前赴勤港瑞士旅遊港客人。
由於勤港瑞士中式食

中式食品現時在瑞
典日增。瑞士人民對中式食品
需求不斷增多，「瑞航
去年在瑞士舉辦「一週中式
食品節」，獲得空前成
功。」參加的人數最常顯著
內，頂價食品供不應求。
瑞士國內中餐飲，瑞士航
空公司之飛機。
最近派達大廚從香港空運
瑞士特別要從香港空運
額外中式點心往瑞士。
瑞士人對中式食品興趣
尤其濃厚，因此，瑞士各地
超級市場均有香港本港
製造中式點心，而且非
常暢銷，一下子便沽清

● 燒賣在歐洲打響名堂，走向國際。(《華僑日報》，1978
年 4 月 9 日)

東方小姐遊德
介紹蝦餃燒賣

● 德國航空公司邀請五位來自亞洲不同地區的美女在法蘭
克福介紹中國點心(《工商晚報》，1969 年 4 月 15 日)

我和美食有個約會

美食遊蹤

❶ 蓮香居

地址：上環德輔道西 46 至 50
號（港鐵西營盤站 A2 出口，步
行約 4 分鐘）

蓮香居保留舊式點心車、茶盅、
大水煲等舊日茶樓的特色，是擁
有舊香港傳統氛圍的粵式茶樓，
著名美食有豬膶燒賣。

● 蓮香居

❷ 老虎岩（第 6 座）潮式粉麵咖啡

地址：大埔東昌街 6 至 16 號地下 F 舖（港
鐵大埔墟站 B 出口，步行約 5 分鐘）

提供滷水牛雜的潮式粉麵店，另有手工芫
荽燒賣，以魚肉餡配上肥豬肉，深受食客
歡迎。

● 老虎岩（第 6 座）潮
式粉麵咖啡

115

叉燒包的前世今生

● 叉燒包

·名字·

叉燒包

·出生地·

廣州酒家

·出生時間·

在什麼年代誕生，已無從得知，相信有過百年的
歷史。

叉燒包是廣東具代表性的粵式點心，是粵式酒樓點心四大天王之一。顧名思義，叉燒包的餡料為切成小塊的叉燒，加入蠔油等調味，外以麵粉包裹，擺在蒸籠內蒸熟而成。麵粉和與餡料應為七三之比，可見叉燒包的關鍵不只在「叉燒」，更在「包」的本身，包身需綿軟，富有彈力，方為上乘。

香軟美味的叉燒包是怎樣煉成的？

香軟幼滑的包身又是怎樣做出來呢？原來最初的叉燒包跟一般的包點無異，包身較硬，口感似北方饅頭，平平無奇，沒有今天大家吃的那麼鬆軟和富彈性。叉燒包之所以成為人所共知的美點，原來是「知識改變命運」的成果，將科學知識應用於製作包點之上：利用麵種（天然酵母），令麵粉通過發酵而產生氣體，使麵糰鬆軟香滑，最終將包子的口感大大提升，成就了今日聞名中外的叉燒包。叉燒包肉多醬少，通常會用摺邊的方式包裹，像上海小籠包，因為麵種有膨脹作用，包子蒸好後會微微爆開；相反，甜包則用搓湯圓的密封式包法，蓮蓉、奶黃、麻黃等流質餡料就不會漏出來。

街頭美食已有叉燒包

叉燒包不單在酒樓茶室有售，原來香港街邊小販也會自製叉燒包，沿街叫賣。1927 年刊登於《華僑日報》，作者阿佩的文章〈為食街的叫聲〉（按：「叫」即「叫」字），描述了中環士丹利街和吉士笠街一帶小販攤檔的叫賣

聲，文中有言「星期五那天，我因事行過食街 …… 街的兩面擺滿了東西 …… 大家放了工，都跑來這裏吃午餐 …… 那兩邊擺有東西發售的人們，大聲叫著 ……『來啊趁水滾啊』是賣東風螺的叫聲；『來啊大大件啊』是賣夾餅的叫聲 ……『抵吃啊一仙一個』是賣叉燒包的叫聲。」可見叉燒包在 1920 年代已是香港街頭巷尾的尋常食品，價廉物美，深受普羅大眾歡迎。

· 製作特色 ·

要製成好的叉燒包，麵粉發酵得好，師傅就必須用老麵種。老麵種是過度發酵的麵種，少量添加在麵包配方中，可以增加包身的彈性及香味。

要製作老麵種，往往歷時數天，在不同氣溫的日子要使用不

● 有男子將情書放於叉燒包內，再投入女方屋內，想不到美食也可成為定情信物。(《工商晚報》，1931 年 9 月 21 日)

同分量的麵種，製作時要加入適量鹼水，中和老麵種的酸性，實在非常講究，堪稱細節決定成敗。現時不少叉燒包都是偷工減料的貨色，使用化學預拌粉，簡化了發酵等環節，傳統風味亦減去幾分。

當然，叉燒包的餡料也要講究，包汁調味須鹹甜適中。不同師傅有不同的醬汁秘方，但萬變不離其宗，蠔油始終是叉燒包鮮味的主要來源，故叉燒包又名「蠔皇叉燒包」。上乘的叉燒包採用肥瘦適中的叉燒，包皮蒸熟後鬆軟香滑，餡料略為流心。包身則有如雀籠形狀，頂部狀如三瓣，看起來像三把鋒利的匕首，僅微微裂開，有如微笑綻放，滲發出陣陣香味，但又不能爆開露出叉燒餡料，故蒸製的時間必須恰到好處。

我和美食有個約會

美食遊蹤

❶ 點心到

地址：佐敦廟街 286 至 298
號華志大廈地下 6 至 8 號舖
（港鐵佐敦站 C2 出口，步行
約 3 分鐘）

以點心為賣點的新派餐廳，
提供點心種類頗多，其中蜜
汁叉燒包價廉物美。

● 點心到

❷ 逸東軒

地址：佐敦彌敦道 380 號香
港逸東酒店 B2 樓層（港鐵
佐敦站 B1 出口，步行約 5
分鐘）

以傳統粵式美食聞名，每天
午餐時段供應多款精美點
心。逸東軒以叉燒馳名，以
此製成的叉燒包和酥皮叉燒
包，亦屬佳品。

● 逸東軒

腸粉知多少——
禪宗六祖慧能蒸腸粉？

● 腸粉

· 名字 ·

腸粉，又名豬腸粉。

· 出生地 ·

廣東羅定

· 出生時間 ·

發源於唐朝，成形於清朝。

· 親屬 ·

由腸粉演變出叉燒腸、蝦腸、牛肉腸、羅漢齋腸
等，親屬繁衍，未能盡錄。

腸粉以「白如雪，薄如紙，油光閃亮，香滑可口」著稱，是廣東著名的傳統小吃。關於腸粉的起源，眾說紛紜，至今沒有統一的說法，但當中以「惠積糍」之說為主流，而此說又跟禪宗六祖惠能法師有關。

禪宗慧能創腸粉？

相傳生於唐代的慧能法師，在未出家前曾於瀧州（今廣東羅定市）寺院當小工，一次製作油味糍時，不小心把廚房內裝有米漿的大桶弄翻了，米漿剩下不到一半。師傅惠積大師沒有責怪他，只是往木桶內加些清水，再次攪拌。變得很稀的米漿，放入鍋內蒸煮後，很快就熟透，但製成的「油味糍」白如雪花，薄如蟬翼，晶瑩剔透，當然也無法再加入第二層米漿蒸煮（油味糍要反覆加好幾層方能成型）。

面對這些「失敗」的「次貨」，惠積和慧能當然不會浪費，立即放進口中品嚐，豈料這怪模怪樣的油味糍竟然鮮香爽滑，還有一點韌勁。這種油味糍太薄了，不能像正常的可以切成一塊一塊，只好剷成一堆，或切成一段一段，方能放進碟上。歷史上第一條「腸粉」就這樣誕生了。不過，當時「腸粉」之名還未誕生，眾人只叫它作「油味糍片」，以區分原有的油味糍。之後惠積法師叫弟子向百姓傳授這種美食的烹調方法，當地人學會了，就稱之為「惠積糍」，而「惠積糍」初創於龍龕道場，故又稱為「龍龕糍」。

發揚光大在廣東

　　大家要留意的是，記載中的「龍𧆀糍」是用米漿加上油鹽、花生碎、蔥、韭菜混合蒸製成一塊薄薄的米糕片，劖成一堆後也未捲成腸狀，故只算

● 報章介紹澳門人愛於街頭吃腸粉，對腸粉檔之大受歡迎有深入分析。(《華僑日報》，1954 年 7 月 19 日)

是腸粉的雛形。正式將其捲成豬腸狀，是清朝發生的事，一種說法是，乾隆微服南下時嚐到腸粉，讚不絕口之餘，更說：「這米粉有點像豬腸子。」不過，考諸史實，乾隆南巡時並未到過廣東，恐怕只是民間傳說以提升腸粉的身價而已，但腸粉大約出現於清代應較為可信。至於加入豬肉、牛肉、鮮蝦等餡料的腸粉，據說是由廣州西關的酌荷仙館所創，附近酒樓紛紛效法及改良，此後發揚光大，傳遍粵港兩地。

· 製作特色 ·

　　傳統廣式腸粉用舊米浸泡過夜，再加入清水磨成米漿（現代人或用攪拌器或果汁機打漿），令腸粉多添一份米香。不過，今日不少人都會用粘米粉、澄麵和生粉等做漿，再將米漿倒入不銹鋼托盤（或白布）上，放入蒸架內加熱。之後在盤上用刀輕輕刮起腸粉皮，捲起成腸狀。不加餡料的腸粉，今日稱為齋腸粉或布拉腸粉，加入蝦仁、豬肉、牛肉等各式餡料的，則千變萬化，成為不同類型的腸粉。

我和美食有個約會

美食遊蹤

❶ 合益泰小食

地址：深水埗桂林街 121 號地
舖（港鐵深水埗站 C2 出口，步
行約 1 分鐘）

全香港最便宜米芝蓮食店，其豬
腸粉成為香港米芝蓮推薦的美
食，食客可以堂食，也可以站在
門外大快朵頤，堪稱「抵食夾大
件」的平民美食。

● 香港米芝蓮推薦的合益泰

❷ 添財記

地址：九龍城龍崗道 35 號地舖
（港鐵宋皇臺站 B3 出口，步行
約 2 分鐘）

七十多年老字號粥舖，在九龍城
扎根六十多年，在 2014 年曾經
結業，一年後同區重新開業，是
影星周潤發經常光顧的食店，腸
粉即叫即拉，口感嫩滑，值得
一試。

● 七十多年老字號添財記

糯米雞的誕生

● 糯米雞

· 名字 ·

糯米雞

· 出生地 ·

廣州，經石塘咀隨園酒家引進香港。

· 出生時間 ·

清末民初

· 親屬 ·

滑雞蒸飯、荷葉飯、珍珠雞

糯米雞是出自廣東的點心,製法是以荷葉包著糯米,加入雞肉、叉燒、冬菇、鹹蛋黃等餡料,再放進蒸具內蒸熟。它的誕生純粹出於「偶然」,也體現了草根階層的智慧。

糯米雞的前世 —— 滑雞蒸飯

話說廣州有一位雞販,某天賣剩一隻雞,拿回家後打算蒸熟給家人吃。誰知一時錯手把碟子打碎,窮人家中的容器只有一個,惟有將雞肉切成一塊塊,加以調味,連同米飯放進飯鍋內蒸熟。由於雞油混進飯中,白飯變得軟滑可口,香味十足。他靈機一觸,每日準備大量滑雞蒸飯,晚上當作夜宵沿街叫賣,竟然大受歡迎,附近的酒家爭相仿效。不過,酒樓的地位和身價當然不可跟街邊小販同日而語,於是廚師們加入瑤柱、鹹蛋、叉燒、冬菇等食材,豐富其中的餡料,此為滑雞蒸飯的第一變。

糯米雞的孕育 —— 荷葉包雞飯

所謂「食在廣州」,各大酒樓食肆競爭激烈,致力鑽研各種美食,推陳出新。有見滑雞蒸飯大受歡迎,廣州泮塘(今廣州市荔灣區一帶)盛產荷葉,區內酒樓的廚師就地取材,效法東莞荷包飯,以荷葉包裹飯糰和餡料,增加清香之味,成為荷葉包雞飯,此為第二變。

荷葉包飯至少有 1,300 年的歷史。南北朝時期,陳朝高祖陳霸先曾率軍作戰,當時軍中糧食不足,倉卒之間命人以荷葉包裹麥飯,讓士兵飽餐一頓

之後，終獲大勝。此事記載於二十四史《陳書》卷二十一，足見荷葉包飯歷史久遠。至於廣東地區，據說明末名將東莞人袁崇煥始創荷葉飯。屈大均《廣東新語》亦有云「東莞以香粳雜魚肉諸味，包荷葉蒸之，表裏香透，名曰荷包飯」。由此推測，糯米雞之靈感來自東莞荷葉飯，兩者大同小異，不同處只是餡料而已。

糯米雞的誕生 —— 荷葉包糯米雞飯

之後又有當地酒家食客提出建議，認為將白米改成糯米，會更加可口，廚師依計行事，糯米雞就此誕生，此為第三變。據陳夢因《粵菜溯源錄》所說，首創糯米雞的廣州茶樓名叫「在山泉」。1916 出版的《九廣鐵路旅行指南》也有介紹「在山泉」，位於廣州實華坊。

糯米雞這款美食何時傳入香港？根據魯金《港人生活望後鏡》所言，糯米雞經石塘咀隨園酒家引進香港，筆者估計應該是 1910 至 1930 年代的事。

● 1916 年出版《九廣鐵路旅行指南》介紹的廣州茶樓中，有首創糯米雞的在山泉。

·製作特色·

糯米雞以糯米為主，加入瑤柱、蝦米，或去骨雞肉等作餡料，用荷葉包裹；後來又加入叉燒、臘腸、鹹蛋黃等，使糯米雞的分量大增，深受食客

歡迎。最重要的是廚師先要把糯米浸透，再用荷葉包裹生糯米，糯米內藏餡料，然後隔水蒸熟。由於要生米煮成熟飯，時間和火候要控制得恰到好處，但過程中雞油、肉汁、荷香充分滲入飯中，自然清香可口，此實為坊間所說的古法糯米雞。現時食肆的糯米雞，多是先將糯米煮熟，加入已煮好的餡料，包裹後再加熱，只是「荷葉包糯米飯」而已。踏入 1980 年代，港人飲食文化不再只追求「抵食夾飽肚」，糯米雞經改良後成為「珍珠雞」，體積只有原本的三分之一，是為小巧玲瓏的新美食。至於首創珍珠雞的，據說是 1984 年開業的北角敦煌酒樓。

　　值得注意的是，不少高級食肆推出「古法脆皮糯米雞」應市，大家須知此雞不同彼雞，作為茶市點心的是糯米包雞肉，古法脆皮糯米雞是雞包糯米，先將雞去骨，再釀入糯米和臘味等餡料，大家不要「誤把馮京作馬涼」啊！

● 港人愛吃糯米雞，有公司特別推出罐頭糯米雞，方便市民，每罐來貨價 1.25 元。（《大公報》，1966 年 11 月 30 日）

● 珍珠雞

我和美食有個約會

❶ 添好運點心專門店

地址：大角咀海庭道 18 號奧海城二期 G 樓 72 號舖（港鐵奧運站 D3
出口，步行約 4 分鐘）

添好運點心專門店於 2009 年創立，是年輕的平民食肆，點心價廉物
美，是屢獲殊榮的米芝蓮星級餐廳，古法糯米雞甚受歡迎。

● 添好運點心專門店
位於大角咀的分店

● 添好運點心專門店
大角咀分店內部

❷ 鳳城酒家（北角）

地址：北角渣華道 62 至 68 號高發大廈地下及 1 樓（港鐵北角站 A1
出口，步行約 3 分鐘）

鳳城酒家為香港著名老店，馮滿等人在 1954 年於銅鑼灣開辦，北角店
則由其高徒於 1978 年創立，主打傳統順德菜、新派粵菜、懷舊點心，
當然少不了糯米雞。

● 鳳城酒家（北角）

● 北角鳳城酒家內掛有著名食家蔡
瀾的親筆題字

誰是蓮蓉月餅第一家？

香港名牌美心月餅

- ·名字·
  蓮蓉月餅

- ·出生地·
  廣州蓮香樓

- ·出生時間·
  清末光緒年間

- ·親屬·
  蓮蓉包

要講蓮蓉月餅的來歷，應先從月餅的歷史開始。月餅又叫中秋餅，外形有如滿月，外層通常以小麥粉為皮，餡料不一而足。傳說明太祖朱元璋為聯合各路人馬起義，命屬下把「八月十五夜起義」的紙條藏入餅中，以傳遞消息。然而，此說與明史記載群雄起義的經過並不吻合，而且月餅早在宋代已經出現，故可信性成疑。

宋朝已出現月餅

且看歷來典籍對月餅之記述：

時間	來源	內文	分析
南宋	吳自牧《夢梁錄》卷十六	市食點心，四時皆有，任便索喚，不誤主顧。且如……芙蓉餅、菊花餅、月餅。	月餅一詞最早出現於文獻之中，當時屬一種普通食品，市場有售，沒有與中秋節拉上關係。
南宋	周密《武林舊事》卷六	大包子……羊肉饅頭……月餅、餛子、炙焦、肉油酥、燒餅。	月餅一詞列入「蒸作從食」一章，故當時月餅應為蒸製而成，非今日的烤焗。
明初	朱權（明太祖子）《神隱書》	三五日夜……乃造太餅一枚，眾共食之，謂之八月求團圓。	明代人們把月餅和「求團圓」聯繫在一起。
明代中葉隆慶年間	沈榜《宛署雜記》	士庶家俱以是月，造麵餅相遺，大小不等，呼為月餅。市肆至以果為餡，巧名異狀，有一餅值數百錢者。	可見當時市面已有月餅出售，而月餅的大小、名目和餡料亦層出不窮。

| 明末清初 | 屈大均《廣東新語》 | 八月蓼花水至，有月……為大餅象月浮。 | 提出月餅象徵滿月，也證明廣東在明末已有吃月餅的習俗。 |

由上述資料可見，月餅大約始於宋朝，在元明期間發展為中秋食品，並流傳各地，廣東亦有此風俗。因應各地民情和飲食習慣，發展出廣式、晉式、京式、蘇式、潮式、滇式等月餅，餡料各有不同，有選用火腿的，有加入芝麻綠豆的，有採用五仁（瓜仁、欖仁、麻仁、桃仁、杏仁）的，不一而足，而香港人最熟悉的當然是蓮蓉月餅。

蓮蓉月餅始創於清末蓮香樓

其實，蓮蓉月餅一點也不「老餅」，只有大約一百年歷史。南宋周密《武林舊事》提及的各式餡料有糖餡、豆沙餡、蜜辣餡、生餡、飯餡、酸餡、

● 蓮香茶樓在香港開幕當日於《華字日報》刊登廣告（1927年8月10日）

● 1929年《華僑日報》廣告，以「蓮香茶樓，地方雅潔，風扇最多，無煩炎熱」作招徠，在鮮有冷氣設備的日子，風扇已是至高享受。

筍肉餡、麩蕈餡、棗栗餡等十多種，但就沒有蓮蓉的名字在內。廣東地區也習慣以五仁、棗蓉、豆沙為月餅餡料，也未用上蓮蓉。清光緒十五年（1889）開業的「連香樓」，首創以蓮蓉作為酥餅的餡料，清香可口，大受顧客歡迎，其後更將蓮蓉應用於月餅之上，有「蓮蓉第一家」的美譽，並得翰林學士陳如岳稱頌為「蓮香樓」。1927年，蓮香樓到香港開設分店，蓮蓉月餅亦傳入香港，成為粵港兩地月餅的主流。

由於蓮蓉食品大受歡迎，粵港酒樓紛紛效法，或與傳統包點結合，創出蓮蓉包；或引入各式蓮蓉小食，在早午茶市供應，讓食客大快朵頤。

至於不少港人喜愛的白蓮蓉月餅，主流說法是香港榮華月餅在1963年首創，採用正湘蓮子，且率先以植物油取代豬油，配合慢火烹調成低糖少油的白蓮蓉，此後為其他品牌仿效，風行一時。

·製作特色·

一般來說，製作蓮蓉要經過多個工序：先是洗淨蓮子，去除沙塵雜質，確保蓮蓉幼滑口感。如要製作白蓮蓉，更須清洗十數次，將蓮子衣盡去，否則就是色澤金黃的黃蓮蓉。

第二步是以大火把蓮子煲近一小時，令它變軟；之後趁熱加入糖砂或麥芽

● 1958年蓮蓉月餅廣告，除酒樓外，各大飲食集團紛紛加入月餅市場。

糖，磨成蓮子漿；再將蓮子漿放在大鑊內，以大約攝氏90度炒約兩小時，其間要以機器或人手不斷攪動；待蓮子漿愈來愈濃稠，即加花生油或植物油，使其幼滑。整個過程長達大半天，異常辛苦，故現在各酒樓餅店已較少

於本地製作蓮蓉。餅皮則宜採用韌性較好的中筋麵粉，製作時須加入準確分量的鹼水（否則月餅皮容易老化和龜裂），並加入油和糖漿。最後將蓮蓉糰壓扁，包裹鹹蛋黃，造成餅餡，再將月餅皮包著餡料，放入月餅模內，壓實成型。

● 1955 年月餅廣告，昔日酒樓兼售月餅實屬司空見慣之事。

● 榮華首創的白蓮蓉月餅至為暢銷（《工商晚報》，1970 年 9 月 10 日）

● 1928 年《工商日報》廣告，昔日茶樓酒家多兼售月餅。

我和美食有個約會

美食遊蹤

① 卓越食品餅店

地址：西營盤皇后大道西 305 號（港鐵西營盤站 B1 出口，步行約 2 分鐘）

屹立西環 40 年的街坊小店，前舖後工場，即做即賣，平日供應中式糕點，中秋期間有自家製作傳統月餅供應，但每天產量不一。

● 卓越食品餅店

● 卓越食品餅店出售的中式糕點

❷ 生隆餅家

地址：深水埗北河街 66 號（港鐵深水埗站 A2 出口，步行約 3 分鐘）

屬家庭式經營餅家，1998 年開業，出售芝麻糕、皮蛋酥等中式糕餅，中秋期間有即焗月餅出售，其中五仁餡料的月餅極具特色。

● 生隆餅家

● 生隆餅家出售
的傳統餅食

❸ 奇趣餅家

地址：旺角花園街 135 號地下（港鐵旺角站 B3 出口，步行約 4 分鐘）

本港鮮見的舊式餅家，開業於 1984 年，中秋前供應傳統月餅，如鹹蛋黃月、五仁月等，餅皮香而薄，頗受歡迎。

● 奇趣餅家

● 奇趣餅家出售的
　傳統餅食

在槍口下炒出來的乾炒牛河

● 乾炒牛河

· 名字 ·
乾炒牛河

· 出生地 ·
廣州沙河鎮

· 出生時間 ·
約為 1938 年

迫於無奈濕炒變乾炒

傳統廣式炒牛河是放湯，或加入茨汁的濕炒，乾炒只因一次偶然而誕生。1938年，日軍侵華，廣州淪陷，百業凋零，民生日困。來自湖南的廚師許彬在日治下的廣州，於楊巷路經營一個「粥粉麵」檔，以求生計。

有一天，來了一位惡形惡相的客人，點了一碟牛河，但用來開茨炒河的生粉剛好用完，日治之下處處是通行關卡，許彬無法前去購買，只好硬著頭皮表示無能為力。誰知此人原來是一名為日軍辦事的漢奸，隨即亮出手槍一把，執意要吃牛河。許彬無計可施，只得唯命是從，將鐵鑊燒紅，加點油和芽菜，將河粉來一個乾炒，炒完後再加上幾片熟牛肉，無意中創造了歷史上第一碟乾炒牛河。

人人仿效炒出名堂

許彬本來只是想方設法應付過去，怎料那漢奸連聲叫好，以後經常光顧，更向友人同伙加以推薦，乾炒牛河就此「炒出」名堂。戰爭結束後，廣州洞天酒家聞得此事，首先將乾炒牛河列入菜單，瞬即成為遠近馳名的美食，其後更南傳香江，成為酒樓和茶餐廳的必備菜餚。

乾炒牛河之中的「牛」指牛肉,「河」指河粉,是廣東地區家喻戶曉的食物,「牛河」是廣東人的叫法。有著名食家曾經說過,要考驗一位廚師的工夫,叫他炒一碟乾炒牛河就可見真章,足見此菜式易學難精,背後大有學問。

乾炒牛河以豆芽、河粉、牛肉等炒製而成,既要有鑊氣,又要夠味道;河粉不能「黐底」,不能黏作一團,不能過於油膩,要乾身且色澤均勻。不同廚師有不同心得,有指牛肉必須是煎而不是炒,方夠嫩滑;有說河粉不能冷藏,不要泝水或過冷河,否則會黏作一團;也有廚師認為炒的時候不應用油太多,這樣河粉才能層次分明,不帶多餘油分。

● 專欄文章提到「河粉」一名源自廣州沙河一地,當地所製河粉軟滑可口,廣受歡迎,故各大小食肆都稱自己烹調的是沙河粉,後來簡稱為河粉。(《華僑日報》,1978 年 2 月 28 日)

我和美食有個約會

美食遊蹤

❶ 太平館餐廳

地址：尖沙咀加連威老道 40 號地舖（港鐵尖沙咀站 B1 出口，步行約 5 分鐘）

創立於 1860 年，是中國第一間華人開設的西餐廳，其乾炒牛河為著名美食家蔡瀾所激讚，自創之瑞士汁牛河亦為一時名物。

● 尖沙咀太平館餐廳

❷ 陳根記

地址：沙田石門安群街 3 號京瑞廣場二期地下 5 號舖（港鐵石門站 B 出口，步行約 3 分鐘）

昔日為禾輋冬菇亭的大牌檔，隨時日轉移而走入街舖，菜式選擇多，保留夠鑊氣的特色，蠔餅、茄子鵝腸煲、乾炒牛河等亦受歡迎。

● 前身是禾輋大牌檔的陳根記

京都排骨來自日本京都？

● 京都排骨

・名字・
京都排骨、京都骨

・出生地・
廣州

・出生時間・
清朝末年

・親屬・
京都炸醬麵、京都錦滷雲吞、京都炸醬肉

京都骨的「京都」是指什麼地方，坊間眾說紛紜。有人誤以為是日本京都，視京都排骨為日本菜；有人以為是六朝古都、明太祖稱皇之南京，故相信京都排骨屬江浙菜系，與無錫名菜糖醋排骨、鎮江骨同源。然而，今日香港人視日本為「家鄉」，「京都」一地耳熟能詳，但昔日中國廚師又怎會認識日本京都呢？何況京都排骨的取材和烹調手法都非常中式，又怎會跟日本結下因緣？至於南京一說，實將京都骨和糖醋排骨混為一談。它們雖同樣以肉排為材料，茨汁也是酸酸甜甜的，但京都骨少了一絲酸味，甜味也較淡，兩者其實是截然不同的菜式。

「京都」一詞源自醬汁

那麼京都骨出於何方？京都骨是正宗粵菜，廣東口味，但創製的靈感來自北京的炸醬，所以京都一詞實指北京。根據魯金《香江舊語》所載，北京雖無京都排骨，但有京式炸醬麵，將北京拉麵配以炸醬製成，炸醬主要用甜麵醬、乾黃醬等調味。清末期間，廣東廚師從京津菜館所用的茨汁獲得靈感，略加變化，自創京都汁。因此，舉凡用上這茨汁的菜式均用上「京都」一詞，以示來自北京的正宗口味。廣式炸醬麵的肉絲用上此茨汁，就稱為「京都炸醬麵」；炸雲吞配上此汁，就變成「京都錦滷雲吞」；用此汁來烹調肉排，就叫「京都排骨」。明乎此，這幾款同樣冠以「京都」之名的美食，其茨汁大同小異，實在正常不過。

傳統京都炸醬麵的茨汁主要用甜麵醬、乾黃醬等，配上肉丁、葱絲、瓜絲；廣式京都醬汁加入芝麻醬、白醋、糖，就自成一格。此菜式傳入香港後，受西式調味方法影響，不少廚師加入茄汁調味，有些更用上喼汁、奶油、淡奶等，變化萬千，已難分誰是正宗。至於京都骨所用豬肉，有些食肆採用豬扒，而非排骨部位，失卻傳統風味；有些採用梅頭豬肉，嫩滑味美，惜有肉無骨，名不副實。採用脊骨與腹部中央位置的一字排，即是俗稱金沙骨的部位，以及位於豬頸脊骨對下的飛排，均能煮出細嫩爽甜、飽滿肥美的京都排骨。

● 文章介紹港式炸醬如何受北方炸醬麵影響，當中又提到「京都」就是北京。（《華僑日報，1957年12月4日）

● 京都骨廣受歡迎，是昔日烹飪比賽常見菜式。（《華僑日報》，1988年3月28日）

我和美食有個約會

美食遊蹤

❶ 富記
地址：大圍隆亨村熟食亭 5 至 12 號舖（港鐵大圍站 C 出口，步行約 15 分鐘）

保留屋村冬菇亭大牌檔風味，提供各式中菜。京都骨有鑊氣，上枱時有熱騰騰感覺，調味甜酸適中，街坊價格。

● 富記

❷ 金山海鮮酒家
地址：油麻地吳松街 62 至 68 號地下（港鐵佐敦站 B1 出口，步行約 5 分鐘）

1982 年創立的傳統中式飯店，是庶民大眾海鮮飯堂，提供各式海鮮、傳統粵菜，京都骨用半肥瘦肉排，口感不錯。

● 金山海鮮酒家

身世成謎的揚州炒飯

● 揚州炒飯

· 名字 ·

揚州炒飯

· 出生地 ·

身世成謎，源自揚州，還是生於廣州，未有
定論。

· 出生時間 ·

廣州派認為是清朝光緒年間；揚州派則認為是清
朝中葉。

隋唐已有蛋炒飯

早在漢代已有「蛋」加「飯」的食法。根據馬王堆漢墓考古資料,「卵䉼」一詞西漢已經出現,「卵」是雞蛋,「䉼」是幼禾,學者相信是黏米飯加蛋。

及至隋朝,又有越國公楊素愛吃的「碎金飯」,亦即蛋炒飯,楊素也成為史上記載的第一位蛋炒飯愛好者。大業年間,隋煬帝乘龍舟南巡時,楊素奉上碎金飯。當時擔任尚食直長(類似御廚)的謝諷,在其著作《食經》記載了此飯,但內容只有「碎金飯」之名(雞蛋粒粒如金,因此得名),未有提及製法。

唐中宗時,韋巨源曾獻上「燒尾宴」(朝廷慶祝士人高中科舉的宴會),菜單內有「御黃王母飯」,並列出「遍鏤卵脂蓋飯面」的製法。

從上述三則資料可見,「蛋炒飯」由來已久,隋唐年間為揚州民間食品,後傳入宮廷。不過,這道蛋炒飯用的是切碎的雞蛋,而非粵式揚州炒飯的蛋漿,更沒有不可或缺的蝦仁、叉燒等配料,兩者其實是截然不同的兩道菜,故揚州確有一道炒飯,但只是揚州蛋炒飯,並非今日廣東地區流行的揚州炒飯。

揚州炒飯出自揚州知府伊秉綬?

另一種說法指揚州炒飯是嘉慶年間任揚州知府的伊秉綬所創。1970年代,陳夢因在《粵菜溯源錄》提到伊秉綬出任廣東惠州知府時,家中鄧姓廚師創製以雞蛋、蝦仁、叉燒為材料的炒飯,後來伊秉綬轉職揚州,廚師隨

行，炒飯便傳入揚州。唐魯孫《說東道西》也提出相近說法。網上資料更指出，伊秉綬著有《留春草堂集》，記下炒飯的製作方法。但伊氏只有《留春草堂詩鈔》，並無《留春草堂集》，前者亦無提及炒飯一事，故此說疑點重重。

揚州炒飯由大三元酒家所創？

最後，根據魯金《港人生活望後鏡》所述，光緒年間，位於廣州的淮揚菜館「聚春園」，以蝦仁、叉燒和海參製作出一道名為「揚州鍋巴」（鍋巴即飯焦）的菜式。其後廣州大三元酒家的廚師品嘗過後，將上述食材配合粵式雞蛋炒飯，創製楊州炒飯，並名揚四海（其後棄用價錢昂貴的海參，加入火腿等）。其他以「揚州」命名的菜式均有蝦仁、叉燒等配料，如楊州窩麵等，可以作為旁

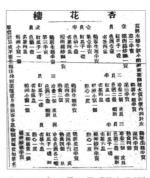

● 1895 年 6 月 3 日《華字日報》所載杏花樓菜單（節錄）已有「揚州炒飯」

證。此說在香港廣泛流傳，惜未有文獻為證，幸好「揚州炒飯」曾見於 1895 年香港杏花樓菜單，為揚州炒飯誕生於香港之說增添說服力。

揚州炒飯何時傳入香港，暫未有權威性的說法。除 1895 年杏花樓午市菜單有揚州炒飯外，1910 年代上環禧利街一間名叫溢記的晏店（昔日只供應午餐的平民飯店，供人「食晏」的地方，因此得名），其招牌菜就有揚州炒飯。另外，1926 年 10 月 29 日《華僑日報》刊登如意茶樓的廣告，就列出揚州炒飯每碗一毫。由此可見，不論高級酒樓，還是平民食店，揚州炒飯都已佔一席位。

綜合而言，「以蛋加入飯中」由來已久，隋唐時已有蛋炒飯，且流行於揚州，但首創自伊秉綬之說查實無據。現時香港常見的廣式揚州炒飯應在清末出現，加入蝦仁和叉燒的做法為揚州所無。但隨著廣式揚州炒飯聲名鵲起，揚州市政府於 2002 年將揚州炒飯註冊為商標，將烹調方規範化，配料包括海參、雞肉、蝦仁、香菇、火腿、鮮筍、青豆等，當中具廣式揚州炒飯的影子，引發飲食界的爭論。

● 如意茶樓的廣告，揚州炒飯每碗一毫。（《華僑日報》，1926 年 10 月 29 日）

九十年前揚州炒飯的故事

著名報人徐鑄成曾出任《文匯報》、《大公報》總編輯，江蘇宜興人，地近揚州，但原來也未聽聞揚州炒飯。話說 1932 年，他出差來到香港，入住東亞酒店。安頓好後，服務員問他要吃什麼，他看看餐牌，點了一個揚州炒飯，「以為這是蘇州味的蛋炒飯之類」。因為他童年時得過大病，要戒口，忌油葷，故一見魚蝦海鮮就作嘔。豈料送上來的揚州炒飯竟有不少蝦仁、海鮮。他當然不會吃，又怕退回會遭白眼，故把它倒進洗手盆沖走，弄得瓷盆堵塞了，惟有把飯一粒粒挑出來，再沖進馬桶。

上述民國名人徐鑄成在香港吃揚州炒飯的軼事見其著作《舊聞雜憶續篇》〈香江懷舊〉，可以作為本篇結論的旁證：第一，昔日江南一帶只有蛋炒飯；第二，江蘇人也不識揚州炒飯；第三，廣式揚州炒飯加入鮮蝦等材料，與江南人士吃慣的有所不同。加入蝦仁、叉燒等配料的「揚州炒飯」是否出自揚州，讀者可自行判斷。

·製作特色·

要做好廣式揚州炒飯，宜用吃剩的「隔夜飯」，在雪櫃冷藏一段時間更佳，因米飯的水分含量較少，不易黏在一起，成品自然是粒粒分明。處理雞蛋時一定要將蛋黃與蛋白攪拌均勻，否則炒飯就沒有金黃色的美態，蛋與飯下鑊快炒時手法至為關鍵，力求徐疾有致，層次分明。傳統的揚州炒飯會以叉燒和蝦仁為配料，但也有食肆改用火腿或餐肉，以節省成本，鮮美的蝦仁更是可遇而不可求。

幸運食客
揚州炒飯肉
發現金粒

【本港訊】昨日下午二時許，九龍彌敦道某餐室，有一年約四十許之顧客，食揚州炒飯一碗，及半，發覺碗底有塊然之物，如花生肉大，初疑為蝦米，及細觀之，則赫然為一金粒。一時食客知者，咸盜稱其幸運，至此金粒來源，或係由米中得來，淘米時內大意，故結果被該食客所得。

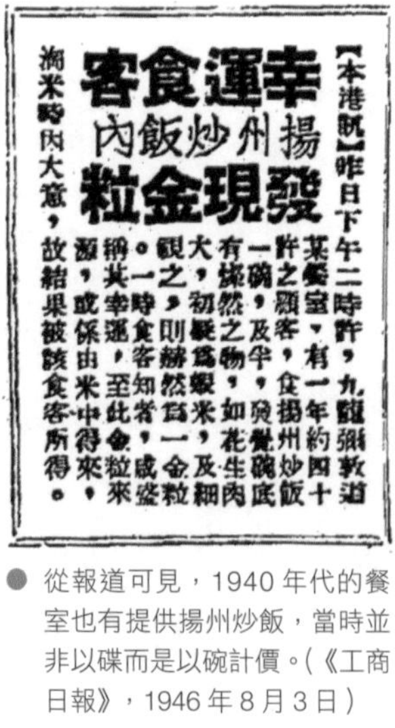

● 從報道可見，1940 年代的餐室也有提供揚州炒飯，當時並非以碟而是以碗計價。（《工商日報》，1946 年 8 月 3 日）

我和美食有個約會

❶ 美心皇宮（綠楊坊）

地址：荃灣惠荃道 22 至
66 號綠楊坊地下 G27 號舖
（港鐵荃灣站 C 出口，步行
約 3 分鐘）

伍舜德及伍沾德兄弟創辦美
心飲食集團，1956 年開設
首間西餐廳，1971 年營辦

● 美心皇宮

集團的首間中菜食府「翠園」於尖沙咀，1978 年起成立多間美心皇宮
大酒樓。現時荃灣的酒樓由凱旋戲院改建，環境寬敞，提供傳統粵式
點心、小菜等，其揚州炒飯採用傳統做法。

❷ 鏞記酒家

地址：中環威靈頓街 32 至
40 號（港鐵中環站 D2 出
口，步行約 3 分鐘）

鏞記酒家開業於 1942 年，
為聞名海外的香港粵菜館，
多年來獲獎無數，尤其以燒
鵝馳名，揚州炒飯曾經一天
賣出 200 碟。

● 鏞記酒家

咕嚕肉為什麼是「咕嚕」？

● 咕嚕肉

· 名字 ·

咕嚕肉

· 出生地 ·

廣東

· 出生時間 ·

清代

咕嚕肉的來源和
命名有多個說法。第一
種是「古老」的傳統，
跟其歷史久遠的茨汁有
關。論者以為咕嚕肉
本來就是「古老肉」，

● 坊間也稱咕嚕肉為古老肉（《華僑日報》，1963年3月17日）

《尚書·談命》有言「若作和羹，爾惟鹽梅」，足見古代人從梅子和鹽來提
取酸味和鹹味，製成羹湯。正因咕嚕肉的酸汁流傳久遠，故人稱之為「古老
肉」。然而，帶酸味的菜式成千上萬，如《晏子春秋》外篇就記載古人以梅
製酸汁以烹魚肉，那為何只有咕嚕肉稱為「古老」？故此說未免流於牽強。
另一個跟「茨汁」相關的說法則較為合理，咕嚕肉的茨汁以粵式「酸果」製
成，如糖醋醃蘿蔔、蕎頭、紫薑等。這些醃製食物的滷汁經常長年累月反覆
使用，故廣東人稱為之「古老滷汁」或「古老汁」，進而演化為「古滷肉」
或「咕嚕肉」。

第二種說法不取其味道，而從菜式的香氣作解釋。眾所周知，咕嚕肉以
甜酸汁烹調，上菜時傳來酸中帶甜的香氣，叫人垂涎三尺，「咕嚕咕嚕」地
吞口水，故被稱之為「咕嚕肉」。

最後一種說法跟深愛這道菜式的食客有關。昔日粵港兩地航運發達，不
少苦力在碼頭從事搬運工作，靠勞動維生，需要吃肉以增加體力，美味開胃
的咕嚕肉大受歡迎，故稱之為「咕哩（搬運工人）肉」，進而音變為「咕嚕
肉」。亦有云清朝中葉，廣州是中國唯一對外通商的口岸，外商雲集，他們
聘請的廣東廚師得知西方人不習慣吐骨，又喜歡酸甜的食物，靈機一動就將
淮揚名菜糖醋排骨加以改良，用預先去骨的肉排，精製甜酸糖醋肉，令「鬼

佬」垂涎欲滴，廣東人就稱之為「鬼佬肉」，進而轉化為音節相近的「咕嚕肉」。

綜合以上說法，咕嚕肉由淮揚名菜糖醋排骨而來，大約出現於清代，其「咕嚕」的名字可能從「諧音」演化而成，但源於「鬼佬」、「咕哩」、「古滷」還是「古老」，就暫無文獻可以為證。

・製作特色・

咕嚕肉深受西方人喜愛，1954 年香港大酒店曾於瑞士國際美食大賽，以咕嚕肉榮獲金牌，粵菜在世界打響名堂。1959 年香港各界於英京大酒家宴請英王夫菲臘親王，當中的菜單就有咕嚕香肉。

要製成美味可口的咕嚕肉，須選用肉質嫩滑的梅頭肉（豬肩），切成適當大小，加上炸漿或生粉，炸至金黃香脆。配料可加入青椒、紅椒、洋蔥等，亦有配上菠蘿。傳統甜酸汁會加入山楂，增添鮮紅色澤，令酸味更富層次，但不少廚師已改用茄汁、白醋、喼汁、砂糖等調製。炸好的豬肉與配料、茨汁回鑊快炒，令茨汁均勻分佈於豬肉之上，每一塊咕嚕肉都外脆內嫩，肉汁豐富，鮮味無比。

● 1959 年 3 月 6 日，香港各界宴請英王夫菲臘親王的菜單內有咕嚕肉。據說他二戰後曾乘軍艦到港，品嚐過咕嚕肉，回味無窮，故酒席刻意加入此道菜式。

我和美食有個約會

美食遊蹤

❶ 陸羽茶室

地址：中環士丹利街 24 至 26 號（港鐵中環
站 D2 出口，步行約 3 分鐘）

1933 年由馬超萬和李熾南創辦於中環永吉街
6 號，走高檔茶室路線，1950 年代起成為金
融業界和華商聚腳地，1976 年遷至現址，其
咕嚕肉水準極高，被不少食評家推介為不可
不吃的菜式，也是米芝蓮推薦的經典粵菜。

● 陸羽茶室

❷ 龍華酒店

地址：沙田下禾輋村 22 號（港
鐵沙田站 B 出口，步行約 12
分鐘）

於 1938 年開業，沙田園林式酒
店，李小龍《唐山大兄》取景地
點，除了沙田三寶（乳鴿、雞粥
和豆腐花）外，其咕嚕肉配上四
分一個菠蘿上碟，頗具特色。

● 沙田龍華酒店內貌

叉燒、燒肉、乳豬——一隻豬的不同吃法

● 燒肉

· 名字 ·

叉燒、燒肉、乳豬

· 出生地 ·

乳豬和燒肉流傳於全國各地，首創之地已無從考查；叉燒則為廣東美食。

· 出生時間 ·

燒肉早見於西周，叉燒大約出現於清末民初。

　　燒烤豬肉的烹調方法由來已久，因應豬的大小不同再分為「燒肉」和「乳豬」，也因燒烤方法有異而區分「叉燒」和「燒肉」。網上資料稱商朝御廚已懂燒豬肉之法，並記載於西晉皇甫謐的《帝王世紀》；但翻查《帝王世紀》，未見有此記載。故最早記載燒烤豬肉的文獻應是《周禮·天官》：「膳夫：掌王之食飲膳羞 …… 珍用八物。」東漢鄭玄的註釋指「八珍」為「炮豚」等八種美食，而炮豚就是大家熟悉的燒烤豬肉。

　　燒豬肉是古代中國各地烹調豬隻的常見方法，廣東地區也不例外。西漢南越王趙眜的古墓就出土了三具青銅烤爐，考古學家相信是用作燒烤肉類，當中包括豬肉（因出土器皿留有豬肉殘渣）。至於燒豬一詞，早在元朝已經出現，而燒乳豬的歷史更遠，在南北朝早有記載，插燒（即叉燒）即要到清末民初才見記述：

來源	內文
北魏賈思勰 《齊民要術》卷九	小形㹠（即小豬）一頭，膞開，去骨，去厚處，安就薄處，令調 …… 微火炙。以蜜一升合和，時時刷之。黃赤色便熟。
元高文秀 《保成公徑赴澠池會雜劇》第四折前楔子	康皮力云：兄弟是副將范當災，帳房裏喫燒肉。主公呼喚，須索走一遭去。
明蘭陵笑笑生 《金瓶梅》第三十五回	西門慶見他不去，只得喚琴童兒廂房內放桌兒，拿了四碟小菜 …… 一碟燒肉。
清乾隆年間袁枚 《隨園食單》	凡燒豬肉，須耐性。先炙裏面肉，使油膏走入皮內，則皮鬆脆而味不走 …… 燒小豬（即乳豬）亦然。

1828 年傳教士馬禮遜編著《廣東省土話字彙》	Shew Chu Tsei 燒豬仔 Roast pig Shew Chu Yok 燒豬肉 Roast pork
清末（1904 年前後）莫文暢《唐字音英語》	燒乳豬 Roast Sucking pig 老時‧塞京‧癖（英語讀音）
1926 年魯迅《華蓋集續編》〈上海通信〉	板鴨，插燒，油雞等類，也依然價廉物美。

由此可見，燒肉作為中國粵菜中的常見燒烤食品由來已久，當中皮脆肉嫩的乳豬更深受歡迎，早在 1,400 年前的北魏已記載燒烤乳豬的方法。

至於叉燒，則起源於廣東，以叉插著豬肉來燒烤，故又稱為「插燒」。插燒的做法是把豬的裏脊肉（Tenderloin）切出來，插在烤全豬的腹中焗烤，用的是暗火，以熱輻射烤熟豬肉。然而，一頭豬只能插兩塊裏脊肉，難以滿足食客需求，廚

YAM-SHIK-LUY-TSUNE.

Wa peng cen nǎng che tǎk ke! 畫餅焉能止得饑
How can a picture of bread satisfy hunger?
Tew tsze, 蕉子 Plantain.
Kei tan, 鷄蛋 Hen's egg.
Ooy tow tsze, 會兔子 Stewed rabbit.
Me tow ham, 味道鹹 Taste salt.
Yaong yok tong, 羊肉湯 Mutton broth.
Shew gǎw tǎw, 燒牛頭 Roast bullock's head.
Shew gǎw yok, 燒牛肉 Roast beef.
Chu yok, 豬肉 Pork.
Ham chu yok, 鹹豬肉 Salt pork,
Shew chu tsei, 燒豬仔 Roast pig.
Shew chu yok, 燒豬肉 Roast pork.
Hǎt shik gǎw yok, 乞食牛肉 Hashed beef.
Ham gǎw yok, 鹹牛肉 Salt beef.
Gǎw nai, 牛奶 Cow's milk
Gǎw nai pong, 牛奶餅 Cow's milk cake, Cheese.

● 1828 年傳教士馬禮遜編著《廣東省土話字彙》收錄燒豬仔一詞

師便想出叉燒之法，用叉子將數條裏脊肉串起以明火燒烤。不過，使用明火會令瘦肉為主的豬裏脊肉烤得過於乾澀，後來就改用半肥瘦豬肉，並在豬肉塗上蜜汁，稱為蜜汁叉燒。

燒肉或乳豬均以「炙皮」為核心技術，塗料亦非常講究，當中包括粗鹽、花椒、丁香、酒、白糖、浙醋、五香粉等，各家店舖各有秘方，力求令豬皮燒烤得又紅又香又脆。豬肉要塗上五香粉、南乳等醬料，使豬肉味厚香濃。燒之前還要用尖銳器物在豬皮上刺孔排氣，以防皮肉分離，這樣也可令豬皮上冒出一點一點芝麻般的泡，形成香脆的「芝麻皮」。燒烤乳豬則多一重工夫，就是要在烤炙過程中勤加轉動，否則色澤有欠均勻。至於叉燒烤製之法在上文已有提及，在此不贅。當然，叉燒醬也是成敗的關鍵，塗在豬肉表面的醬料主要有：紅腐乳、蠔油、老抽、紹興酒、蜂蜜、糖、五香粉、白胡椒等，有些廚師更會加上蒜末、柱侯醬、豆醬等，增添風味。

● 1930 年《工商日報》金陵酒家廣告，以贈送乳豬招徠客人。

我和美食有個約會

美食遊蹤

❶ 再興燒臘飯店

地址：灣仔軒尼詩道 265 至 267
號地下 C 座（港鐵灣仔站 A1 出
口，步行約 4 分鐘）

家族於光緒末年起經營廣東燒臘，
戰前於灣仔開設大牌檔，1980 年
代遷至現址開店經營。曾獲米芝
蓮推介，食評家稱其叉燒為香港
典範，出品的叉燒被美國 CNN 評
為「四十款生命中不能或缺的香港
食品」。

● 再興燒臘飯店

❷ 陳六記飯店

地址：上水巡撫街 4 號（港鐵上水
站 A3 出口，步行約 5 分鐘）

由人稱「六叔」的陳堯深白手起
家，1967 年由街邊檔遷至上水現
址，提供各式炒粉麵飯，自設燒味
工場，有「炭燒五層樓」之稱的燒
肉遠近馳名。

● 陳六記飯店

❸ 永合隆飯店

地址：太子砵蘭街 392 號（港鐵太子站 C2 出口，步行約 1 分鐘）

開業於 1960 年的傳統飯店，因港府不再發牌，故成為香港少有沿用炭爐燒烤的燒臘舖。店舖提供各式燒味，不少名人曾經光顧。除燒肉飯，白切雞及金錢雞也值得一試。

● 永合隆飯店
的當爐燒味

● 永合隆飯店

太史蛇羹的「太史」是誰人？

● 蛇羹

・名字・
太史蛇羹

・出生地・
廣州

・出生時間・
在 1920 至 1930 年之間

蛇的營養價值極高，有祛風祛寒、清肝活血之效。每年秋天，蛇在冬眠之前四處覓食，養精蓄銳，故坊間有言「秋風起，三蛇肥」，入秋之時正是吃蛇的好時機。蛇皮、蛇血、蛇膽都有藥用之效，蛇肉則可製成蛇羹，味道鮮美。至於食蛇的歷史，可參考以下典故：

來源	內文	分析
唐韓愈被貶潮州時寫下〈初南食貽元十八協律〉	惟蛇舊所識，實憚口眼獰……賣爾非我罪，不屠豈非情。	廣東潮州已有食蛇之風，市場上有蛇出售。
北宋朱彧《萍洲可談》	廣南食蛇，市中鬻蛇羹。	南方市面有烹製蛇羹銷售的食肆。
北宋《太平御覽》	四月為乾……是月也，萬物已成……勿食雞肉，勿食蛇蟮。	中原地區已有食蛇的風氣。

至於食蛇羹的知名人士，當然要數清末的「江太史」江孔殷，蛇羹就是從他手上發揚光大。其家傳烹調蛇羹之法流傳廣泛，今日不少食肆仍以「太史蛇羹」為招徠。江孔殷為清末最後一屆科舉之進士，按例入翰林院。清代翰林院職責之一為編修史書，人稱翰林學士為「太史」，故江孔殷又名「江太史」，所居之處則稱為「太史第」。江孔殷曾協助收葬黃花崗

● 1927 年《華字日報》刊載五蛇羹的廣告，注意當時仍未冠上「太史」之名。

七十二烈士之遺骸，辛亥革命後促成廣東脫離清朝，是清末民初政壇上舉足輕重之人物。

正因江太史名重一時，交遊廣闊，經常在家中宴請官紳名流，全盛時期幾乎每夜設宴款客。江太史精研飲食，聲名遠播，執廣州食壇牛耳，經常自創各種佳餚美饌，家中僱用四名廚師，全是數一數二的名廚。出自太史第的名菜多不勝數，如太史田雞、太史豆腐、太史鍋炸（即油炸濃上湯）等，當中太史五蛇羹，更叫食客讚嘆不已。

1930年代，廣州四大酒家已推出五蛇羹，號稱聘得江家廚師傳授秘法，並以江家之名作招徠，其後又在香港分店推出，令這道美食廣泛流傳。抗戰時期，江太史與家人避居香港，靠賣字維生。大同酒家得江太史允許，出售蛇羹，並正名「太史蛇羹」，大受歡迎。那時代還未有獨家冠名的知識產權概念，粵港兩地酒家遂爭相仿效，為蛇羹冠上「太史」二字，吸引好蛇之徒。不過，市面以「蛇王」之名售賣蛇羹的食店，均難與太史家的蛇羹相比。

今天要數正宗的太史蛇羹，還看桃花源小廚和國金軒。話說江太史三大家廚之一李才，也是江家最後一名家廚，於江太史家道中落後，來港於恆生銀行職員餐廳「博愛堂」掌廚，親自教授徒弟李煜霖（李霖）五年。作為傳

● 報章港聞版的四大酒家五蛇羹宣傳稿（《工商日報》，1930年11月5日）

● 1952年報章上三大酒樓的太史蛇羹廣告

奇名廚的李煜霖師傅，今任職於名人飯堂中環國金軒；另當時跟李才共事的黎有甜師傅則開設桃花源小廚，二人所製蛇羹均師法江太史，承傳了正宗之太史五蛇羹。因疫情關係，桃花源小廚已結業，他日會否捲土重來，猶未可知。若要吃價廉物美的蛇羹，幸好還有同屬太史一系的蛇王林。原來李才之弟李明，曾在上環蛇王林工作，將烹調蛇羹之法授予當時店主。據江太史孫女江獻珠憶述，曾於上環的蛇王林與李明偶遇，且品嚐李明所製蛇羹，故此說可信性甚高。當然，時至今日，該店能否承傳太史家的傳統風味，恐怕只有江家後人方能知曉。

·製作特色·

太史五蛇羹標榜使用來自廣西十萬大山的五種毒蛇：飯鏟頭（眼鏡蛇）、三索蛇、金腳帶、過樹榕、白花蛇，有時會同時使用廉價的水律蛇。熬製蛇湯時，用蛇骨、陳皮、龍眼肉、紅棗和薑等；另要準備以老雞、赤肉、金華火腿所熬的上湯；之後將兩湯混合，加入以非凡刀功切成的幼細蛇肉、雞肉、鮑魚、木耳、冬菇等，吃時要加入用手撕去葉脈且切得幼如髮絲的檸檬葉，闢除蛇肉腥味，另可配上南乳薄脆，令蛇羹變為精雕細琢、超凡脫俗之美食。

我和美食有個約會

美食遊蹤

❶ 蛇王林

地址：上環禧利街 13 至 15 號連威大廈地舖（港鐵上環站 A2 出口，步行約 2 分鐘）

創辦人羅大林在 1900 年於上環街邊賣蛇起家，主要出售蛇膽蛇肉。此百年老店，舖內蛇櫃、牌匾等均散發陣陣歷史氣息，以低廉價格品嚐太史家廚傳承的手藝，絕對超值。

● 位於上環的蛇王林，散發濃烈的古舊氣息。

● 蛇王林廣告（1975 年《華僑日報》出版《香港年鑑》）

❷ 蛇王芬

地址：中環閣麟街 30 號地舖（港鐵香港站 E1 出口，步行約 6 分鐘）

1895 年由中醫吳桂芬創立於廣東南海，售賣活蛇及蛇酒，後人於 1941 年接手後在中環開設街檔，專賣蛇羹和燉品，1989 年輾轉遷至現址，其招牌由南海十三郎江譽鏐所題，至今已成為著名食府。近年在沙田新城市廣場開設分店，推出花膠太史烏雞絲羹，棄蛇而用雞，製法仿效太史五蛇羹，適合不吃蛇者。

● 位於中環的蛇王芬

● 蛇王芬廣告（1975 年《華僑日報》出版《香港年鑑》）

炸兩的前世與今生

● 炸兩

· 名字 ·

炸兩

· 出生地 ·

廣東

· 出生時間 ·

民國抗戰時期

· 親屬 ·

油炸鬼（來自古代的「前世」祖先）、炸一（被
迫分離的同胞兄弟）、白粥／豆漿（形影不離的
伴侶）

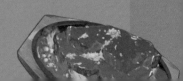

要認識「炸兩」這道美食，當然要了解一下它的祖先 ——「油炸鬼」。油炸鬼是一種長條形中空的油炸麵食，鬆脆而有嚼勁，美味無比，是深受不同階層歡迎的中國傳統早點，通常與豆漿一起食用。油炸鬼最早出現於何時？令人不寒而慄的「鬼」字從何而來？以下是一些可以參考的文獻：

來源	內文	分析
元雜劇張國賓《羅李郎大鬧相國寺》	那邊賣的油煠（按：「煠」指將食物置入熱湯或熱油中）骨朵兒，你買些來我吃。	骨、鬼二字音近，故油煠骨即油煠鬼，也就是大家熟悉的油炸鬼。
清初劉廷璣《在園雜志》卷一	東坡云：見草棚下掛油煠鬼數枚，製以鹽水合麵，扭作兩肢如粗繩長五六寸，於熱油中煠成黃色味頗佳，俗名油煠鬼，予即於馬上取一枚啖之……一見河北風味。	書中指出早在北宋蘇東坡時，油煠鬼（油炸鬼）已流行於我國北方，蘇東坡可能是有文獻記載的第一個吃油炸鬼的人。
民國時期李登齋《常談叢錄》卷八〈油果〉	市中每以水調麵，切成條大……雙疊牽長近尺，置熱油中煎之……今遠近皆有之，群呼為油鬼，後見他書有稱油煎食物為油果者，乃悟此為油果，以果與鬼音近而轉訛也。	因果與鬼音近，故當時人又稱油果為油鬼，而按其記述之形狀和製作之法，應是油炸鬼無疑。
權寧世（朝鮮人）《支那四聲字典》（1927 年出版）	餜（Kuo）正音。油餜子，小麥粉和雞蛋，油煎拉長的點心。油炸餜，同上，但此一語北京人常讀作「Kuei」。	油炸餜因音近而讀作油炸鬼或油炸檜。

海市述往錄（二）　甌梅

油炸檜

綜合而言，「油炸鬼」或「油條」最早見於宋代，可能先出現於北方，再傳至全國各地；其古稱油煠骨、油煠鬼或油煠檜；近世稱為油炸果、油果、餜子。因讀音相近，油炸果又稱油炸檜、油炸鬼。至於「油炸檜」一名，民間傳說指民眾痛恨南宋奸臣秦檜，以「莫須有」罪名害死民族英雄岳飛，對其恨之入骨，便創出「油炸檜」，取其「油炸秦檜」之意，而兩條麵條即象徵秦檜及其妻子王氏。此說雖沒有文獻為證，惟反映了民眾愛國之心，故流傳不息。

油炸鬼作為「先祖」，深受百姓喜愛，到民國時期，繁衍出後代「炸兩」，馳名於粵港兩地。話說日軍侵華，廣州淪陷，民眾生活困苦，糧食短缺。廣州泮塘鄉有一家小茶居，名叫嚼荷仙館，經常推陳出新，創製新款點心和佳餚。當時一位點心師傅，為滿足貧苦大眾需要，將隔夜油炸鬼，用熱辣辣的腸粉包起來，創造了炸兩這種「抵食夾大件」的美食。推出以後，大受歡迎，各大小酒樓爭相仿效，亦流傳至香港，發揚光大，由街頭粥麵店或大牌檔，走入高檔酒樓，油炸鬼從「隔夜」變成新鮮即製，甚至成為點心中的「頂點」和「特點」，實為一登龍門，則聲價十倍。

● 只有單條油條的，昔日稱之為「炸一」。

大家心中或有疑問，這道美食怎會叫作「炸兩」，而不是「炸一」或「炸三」呢？從油炸鬼的外形可知，它由兩條麵條製成，成雙成對，故做出來的就叫作「炸兩」。事實上，在昔日物力維艱的時代，有人連廉價的「炸兩」也吃不起，只能選擇「炸一」，即是只用單條油條來製作，分量比「炸兩」少一半。

·製作特色·

要做出好的「炸兩」，須在麵粉中混入膨鬆劑和食鹽，加入溫水攪拌，反覆揉搓，使其成為柔軟有韌性的麵糰，再將揉好的麵糰拖拉成長條，放入熱油鍋中，適時加以

● 油炸鬼及牛脷酥

翻動，待其完全膨脹，色呈金黃，即可取出。油條出鍋炸好後，要放置一兩分鐘控乾油分，然後放到熱腸粉內捲起。食用時當然少不了各種醬油，以收相得益彰之效。

我和美食有個約會

美食遊蹤

❶ 忠記粥品

地址：中環機利文新街 32 至 34 號 A 舖（港鐵上環站 E1 出口，步行約 2 分鐘）

於旺角屹立 40 年，提供粵式街坊小菜、各式粥品小食，粥底綿滑，炸兩新鮮即做，外軟內脆。

● 忠記粥品

❷ 發記粥麵

地址：大埔鄉事會街 8 號大埔墟街市及熟食中心 2 樓 CFS18 舖（港鐵
大埔墟站 A1 出口，步行約 7 分鐘）

大埔墟街市及熟食中心於 2004 年啟用，其熟食檔部分源自 1960 年代
廣福橋的大牌檔，部分來自昔日臨時街市（今已改建為公屋）。發記
粥麵即製腸粉，油炸鬼也是自製。還可以選擇炸一和炸兩，在今日已
是鳳毛麟角。

● 發記粥麵

● 發記粥麵有炸一和炸兩可
  以選擇，圖為分量只有炸
  兩一半的炸一。

沙翁是西方點心，還是中國小食？

● 沙翁

· 名字 ·

沙翁

· 出生地 ·

廣東

· 出生時間 ·

不遲於明朝末年

　　走進茶餐廳或麵包舖，看見一個個外形飽滿、沾滿砂糖的沙翁，大家可能立即聯想到冬甩、泡芙等西方點心，殊不知沙翁是我國傳統小食，最遲在明朝末年的廣東已經出現。明末清初屈大均《廣東新語》卷十四〈食語〉一篇有言：「以糯粉雜白糖沙，入豬脂煠之，名沙壅。」而卷九〈事語〉則說：「元日拜年，燒爆竹，啖煎堆、白餅、沙壅，飲柏酒。」從書中描述的製作方法可見，「沙壅」確是今日流行的沙翁，屬於中國的油炸甜食，明末流行於廣東地區，與煎堆同是新年的應節食品，跟西方點心絕無關係。

　　「沙壅」又為何會寫成「沙翁」呢？「壅」字有壅塞、堆積之意。顧名思義就是指麵粉球炸熟後滾上一層白糖，一粒粒的砂糖大量堆滿粉球表面，故以「沙壅」描述其外表。可能「壅」字較為生僻，民間就用同音字「翁」取代，將沾了點點白色砂糖的麵粉球比喻為滿頭花白的老翁，亦屬神來之筆。

　　沙翁表面香脆，內裏鬆化，蛋味濃郁，不少香港的酒樓、茶餐廳和麵包店均有供應，是 1960 至 1970 年代港人至愛的美食之一。有指廣東省以外，其他地區亦有相近之小食，故沙翁並非廣東一省獨有。舉例而言，河南有琉璃蛋球，但蛋球表面不會沾上砂糖，而是將炸好的蛋球放進煮熔的糖漿裏，以糖漿包裹蛋球，同為甜食，只是風味略有不同。至於廣為人知的琉球沙翁，今日是沖繩特產，據說是琉球國時代，由前往中國學藝的宮廷御廚帶到當地，而沙翁亦逐漸發展成當地家喻戶曉的小食。

正如《廣東新語》所述，明末沙翁的用料有糯米粉、白糖、豬油，後來改用麵粉和植物油，加入雞蛋；有些師傅更會加入牛油，令味道更加香濃，故又有「炸蛋球」之稱。不可不知的是，香港作為世界文化交匯之地，中西合璧的特色亦展現於不少食品之上。最初沙翁所用的麵粉沒有經過發酵，後來有廚師取法西式麵包的製作方法，加入麵糰發酵膨脹的工序，令沙翁更加鬆化。當然，用手將麵糰「唧」成小球狀的工序也極下工夫，手掌用力要恰到好處，以「陰力」將麵糰內的空氣擠出，製成品才能鬆化香軟。至於鍋內的油溫不能過熱，否則麵糰變黑和變硬，溫度約攝氏 120 度較佳，麵糰下鑊後要適時翻動，使其平均受熱，成品才圓渾飽滿，做到色香味俱全。

● 報道指來自上海的少婦，在德輔道中一間餐室，買了白糖沙翁數個，食後不適。從中可見，沙翁在 1940 年代末已是香港流行之美食，不少餐室均有出售。（《工商晚報》，1949 年 4 月 6 日）

我和美食有個約會

美食遊蹤

❶ 百利冰室

地址：西灣河筲箕灣道 216 號
地下（港鐵西灣河站 B 出口，
步行約 4 分鐘）

大眾化的老牌冰室，於 1964 年
創立，店內舊式裝修如柚木卡座
和鏡子裝飾等，散發懷舊氣息，
其精製之沙翁遠近馳名，但限量
供應。

● 百利冰室

❷ 華輝餐廳

地址：大埔鄉事會路 13 號地舖
（港鐵大埔墟站 A1 出口，步行
約 7 分鐘）

1981 年開業，屹立大埔超過 40
年，是電影《那夜凌晨，我坐上
了旺角開往大埔的紅 Van》的取
景地。店舖曾獲米芝蓮推介，手
製蘋果批、雞批、炸蛋球（沙
翁）皆為鎮店之寶。

● 華輝餐廳

蛋撻 ——港式？廣式？英式？

● 蛋撻

・名字・
蛋撻

・出生地・
廣州

・出生時間・
民國初年（1920 年代）

蛋撻是港人至愛的地道美食之一，不少人都會以為它是如假包換的「香港製造」，也有不少人相信它是英國的「舶來品」，但這兩種說法都只是「部分正確」。簡單來說，蛋撻源自英國，但在廣州落地生根，變化改良，再在香港推陳出新，發揚光大。

著名的餐飲史和烹調作家勞拉·梅森（Laura Mason）指出，歐洲人早在 14 世紀已利用奶品、糖、蛋及各式香料，製作類似「蛋撻」的食品「卡士達撻」（Custard tart），1399 年英國國王亨利四世（Henry IV）的一次宴會也出現了食用撻類甜點的記載，後來於 18 世紀成為英國流行的小食。「撻」作為西式甜點傳入中國的時間應該是清朝中葉，地點是當時中國對外通商的唯一口岸廣州，然後在民國初年再傳入香港。有關的記載主要有以下幾處：

來源	內容	分析
1842 年傳教士衛三畏《拾級大成》	為教中國廚師怎樣做西菜，衛三畏自創了一些中國字詞，如用「噠」字來翻譯「Orange tarts」。	當時廣州的中國廚師擔任外國人家廚，學習西洋菜式和點心製法，已掌握橙汁蛋撻製法。
清末（1904 年前後）莫文暢《唐字音英語》	局吉時 Baked custard 碧卡時撻 梅子撻 Plum tart 菩冧撻	莫文暢是香港人，足見「撻」類西點已傳入香港，但提及的並非蛋撻。
1921 年廣州中華茶室〈美點期刊〉	甜點：鮮藕精糕、玫瑰蓮捲、雞油蘯糕、酥皮旦撻、淮山蓮粽。	1920 年代廣州已出現以中國傳統酥皮製作的旦撻。
1926 年《工商日報》廣告	德輔道中大雅酒樓廣告指，特聘廣州名廚，所製時菜精點，無不考求盡美……橙汁旦撻。	香港中式酒樓已製作西式點心。另要注意廣告以廣州廚師作招徠，足見旦撻等甜點來自廣州。

從上述文獻可見，隨著大量外國商人和傳教士來華，「撻」類西式點心已傳入廣州，我國廚師要為外國人服務，因而學會製作之法，而香港一些西餐廳也會製作「撻」類點心，惟光顧者以外國人為主。這時期的「撻」也有使用雞蛋作為材料，但只屬「橙汁蛋撻」或「吉士蛋撻」之流，是以雞蛋、牛奶及糖混合的甜食餡餅，其撻皮和餡料均較硬，與今日所見將蛋漿注入酥皮或牛油皮的撻底情況截然不同。1920 年代，廣州廚師加以改良，將傳統「燉蛋」注入酥皮之上（一般燉蛋用碗承載），結合西式冷品和廣式熱食，棄用牛油而改用豬油，創造了味道與口感獨特的美食。

　　據香港掌故專家吳昊所言，1920 年代，廣州西關開設多間百貨公司，彼此競爭激烈，為求吸引顧客，其附設食肆的點心師傅每週都會設計「星期美點」。當時有廚師從西式點心獲得靈感，以豬油代替昂貴的牛油，加入傳統中式燉蛋的概念，以中國傳統酥皮製成價廉物美的大眾美食。各大酒樓紛紛仿效，如日照樓推出八厘蛋撻、真光公司（百貨）附設的酒樓也推出中式蛋撻。「蛋撻」聲名鵲起後，

● 1904 年莫文暢《唐字音英語》已收錄「撻」類的西式點心

● 1926 年《工商日報》大雅酒樓廣告已有「旦撻」出現

再從廣州傳入香港。這種說法跟上文引述 1921 年廣州中華茶室〈美點期刊〉和 1926 年《工商日報》大雅酒樓廣告有不謀而合之處，可以作為旁證。

　　值得一提的是，網上有資料指，蛋撻的形狀和味道與滿漢全席中的一道點心相似，由此推論蛋撻是一位宮廷廚師流落廣州時流出的。然而，查閱各

式滿漢全席菜單,均不見類似款式的點心,故此說甚為可疑。況且,倘食譜真的由宮廷流出,蛋撻又為何只出現在廣州,而不是遍傳各地,特別是北京和天津呢?

　　1950年代前後,香港的茶餐廳和麵包店開始提供蛋撻,並推陳出新,發展牛油酥皮,「泰昌蛋撻」更創出曲奇皮,以滿足食客需求。各店舖又在蛋漿加入不同材料,做出鮮奶撻、薑汁蛋撻、蛋白蛋撻、巧克力蛋撻、燕窩蛋撻等等的款式。作為廣州酒樓點心四大天王之一的蛋撻,就在香港發揚光大,成為馳名中外的美食。

· 製作特色 ·

　　蛋撻以蛋漿為餡料,做法是將清水煲滾,注入砂糖攪拌;待放涼後,將雞蛋、淡奶、糖漿、雲呢拿香油等,倒入加以拌勻;最後倒進隔篩去除異物,放進雪櫃半小時。至於撻皮的製作,將撻皮的材料糖、蛋黃、鹽、牛油等,跟麵粉搓勻成麵糰,放進雪櫃兩小時後取出再次搓軟,然後均勻地壓入餅模中。當然,這時要注入準備好的蛋漿,然後放入焗爐焗製。根據歐陽天閏和韋然所著的《蛋撻的故事》,宜先放入預熱至300度的焗爐焗5分鐘,再將火力調較至150度焗15分鐘,這樣就可以焗出美味香滑的蛋撻了。

我和美食有個約會

美食遊蹤

❶ 新華茶餐廳

地址：長沙灣青山道 334 號（港鐵長沙灣站
C2 出口，步行約 5 分鐘）

開業於 1966 年的老牌茶餐廳，樓高兩層，樓
上設有雅座，氣氛悠閒，出爐蛋撻，酥皮摺數
夠多，蛋味夠濃。

● 新華茶餐廳

❷ 泰昌餅家

地址：中環擺花街 35 號地下
（港鐵香港站 C 出口，步行約 7
分鐘）

泰昌餅家創立於 1954 年，首創的
曲奇皮蛋撻，遠近馳名，曾獲香
港及外國媒體食客讚譽為「全香
港最好食蛋撻」，其分店遍佈香
港各地。

● 泰昌蛋撻位於山頂廣場的分店

❸ 金華冰廳

地址：太子弼街 47 號地舖（港鐵太子站 B2 出口，步行約 3 分鐘）

太子老字號茶餐廳，開業於 1973 年，馳名美食有菠蘿油及蛋撻，其百摺酥皮蛋撻據稱達 144 摺，遠近聞名。

● 金華冰廳舊舖

● 金華冰廳為免因舊舖加租而結業，便租下相連舖位，以備不時之需。

沒有絲襪的絲襪奶茶

● 奶茶

· 名字 ·

絲襪奶茶

· 出生地 ·

香港中環蘭芳園

· 出生時間 ·

1950 年代

絲襪奶茶是港人熟悉的地道飲品，不少人每天早上都要喝上一杯馥郁芳香的奶茶，才有精力應付一整天的工作。在介紹「絲襪」這個引人遐想的名字之前，還是先認識「奶茶」的前世今生。

奶茶起源於南亞地區

奶茶的起源於什麼地方？現時主流意見相信喜瑪拉雅地區的居民自古以來就以奶茶作為日常飲品，故今日印度、不丹、尼泊爾等地，都保留飲奶茶的習慣。這些位處高海拔的地區，天氣苦寒濕冷，當地人就用紅茶加入牛奶或羊奶，再混合各種香料（如豆蔻、茴香、肉桂、丁香、胡椒等）煮成奶茶，既可驅寒祛濕，也能補充營養。印度至今被公認為奶茶的發源地。

飄洋過海，傳入歐洲

到 16 世紀的大航海時代，歐洲列強紛紛在亞洲巧取豪奪，建立殖民地以掠奪資源。與此同時，亞洲的美食文化也傳至西方，而奶茶就是其中之一。

● 專欄介紹西方人下午茶的習慣，當中更詳細描述沖奶茶的方法。（《孖剌西報》，1875 年 4 月 26 日）

● 義賣奶茶賑災報道，可見當時中上層華人已飲用奶茶。（《華字日報》，1908 年 9 月 3 日）

印度奶茶傳入英國和荷蘭後,當地人不習慣其辛辣濃烈的味道,便加以改良,去除味道濃烈的香料,再將不同品種的茶葉混合以提升味道,又加入楓糖為調味劑,今日大家飲用的奶茶就此誕生。由於荷蘭擁有優質奶牛,故荷式奶茶的奶味較為濃厚,深受不同階層歡迎,迅即傳遍歐洲大陸。17 世紀,奶茶傳入英國王室,據說約克公爵夫人喜愛荷蘭式奶茶,一時蔚然成風,奶茶也演變為一種時尚和優雅文化的象徵。

傳入香港,華人飲用奶茶

鴉片戰爭後,香港受英國殖民統治,大量英籍人士來華,西式奶茶傳入香港,各大高級酒店和西式餐廳均有供應,當中顧客以外國人為主。及至 1920 年代,一些華人開設的平民西餐廳、咖啡室和冰室,收費遠低於大酒店或洋人會所,奶茶和咖啡開始進入華人社會,但光顧者多是一些具消費力的華人,如洋行買辦、商人、經紀、公務員、海員等。

現時找到香港華人飲奶茶的最早記載在 1908 年 9 月 3 日《華字日報》,報道提到商人黎晴軒供應奶茶和西餅義賣,以賑濟廣東水災災民,從上可見 20 世紀初香港華人上流社會已有飲用奶茶的習慣。

● 1930 年西餐廣告只提供「咖啡或茶」(《華僑日報》,1930 年)

● 1932 年同一餐室的西餐廣告轉為提供「咖啡奶茶」(《華僑日報》,1932 年)

戰前已經普及，走進平民食店

現時網上主流說法，指港式奶茶的普及，始於第二次世界大戰後。由於大量移民湧至香港，政府大量發出大牌檔牌照，以紓緩普羅市民的飲食和就業需求。不少大牌檔以此招攬客人，特別是一些碼頭苦力。他們以體力勞動維生，需要飲用咖啡或奶茶提神，奶茶漸漸成為平民飲品。然而，這說法只是「部分正確」。根據港府衛生督察史提芬斯在 1941 年提交的一份小販問題報告，比較中環、灣仔、西營盤等地大牌檔和晏店（昔日的平民食店）的食品價格，從中可以窺見奶茶早已普及於民間。現整理有關資料如下：

	中環		灣仔		西營盤	
	大牌檔 價格	晏店 價格	大牌檔 價格	晏店 價格	大牌檔 價格	晏店 價格
阿華田加奶	6 仙	6 仙	5 仙	7 仙	7 仙	/
咖啡加奶	3 仙	4 仙	3 仙	4 仙	5 仙	6 仙
奶茶	3 仙	/	3 仙	3 仙	4 仙	/
清茶	/	/	2 仙	3 仙	3 仙	4 仙

以上資料雖未能證明奶茶平民化的具體時間，但足以證明早在第二次世界大戰之前，即 1940 年代，奶茶已經普遍出現於低下階層華人光顧的大牌檔和晏店，其價格比咖啡更便宜。由此可以推斷，奶茶跟咖啡等提神飲料一樣，已盛行於香港路邊的大牌檔（茶水檔）或晏店（平民食店）。西式紅茶作為高尚消費文化已經改變，演化為廉價的港式奶茶，走入平民大眾的生活之中。

港式奶茶冒起 —— 絲襪奶茶的誕生

港式奶茶雖屬價格低廉的食品，卻阻不
了香港人精益求精、改良美食的熱誠。話說
1952 年林木河先生在中環結志街開辦名為
「蘭芳園」的大牌檔，出售咖啡、牛雜麵等。
那時林氏在碼頭結識了一班海員，獲贈一些
錫蘭紅茶茶葉，決定善加利用。林氏為免客
人飲到茶葉，就將茶葉放在布袋，再用大銅

● 蘭芳園沖絲襪奶茶

煲加熱煮茶。然而，茶葉在煲內不斷滾熱，會釋放出苦澀之味；只用一款茶
葉，茶味也不夠香濃；使用的普通布袋也不夠密實，漏出茶葉。於是，林氏
想方設法加以改良，先由太太以細密的夾棉毛巾縫製成長條形的布袋，特意
打造兩個銅製有手柄的茶壺，再摸索奶和茶的比例，混合斯里蘭卡季後茶、
印度茶等多種茶葉改良口味，每壺茶要在一小時內賣清以保持最佳味道，最
終成就一杯醇香濃厚的奶茶。由於沖茶的布袋被紅茶染成咖啡色，遠看像女
性的絲襪，一些顧客會開玩笑說來一杯「絲襪奶茶」，「絲襪奶茶」的名字就
此誕生。

‧製作特色‧

將英式奶茶改良而成的港式奶茶，混合不同品種的低廉紅茶茶葉，又以
淡奶取代鮮奶沖製，令價格大幅降低。據蘭芳園林俊業所言，奶和茶為二八
之比，每罐沖五至六杯最好。另外，在沖泡過程中，需要多次拉茶撞茶，利
用水的衝擊力量，帶出紅茶的茶味。

我和美食有個約會

❶ 蘭芳園

地址：中環結志街 2 號地舖（港鐵香港站 C
出口，步行約 8 分鐘）

始創於 1952 年，是現存最早期的舊式餐
廳，享譽香港 70 年，首創以茶袋沖製絲襪
奶茶，是香港飲食事業發展的見證。除了絲
襪奶茶外，奶油豬仔包、蔥油雞扒撈丁、西
多士等也是不少食客心水之選。

● 蘭芳園

❷ 金鳳茶餐廳

地址：灣仔春園街 41 號春園大廈地舖（港
鐵灣仔站 B2 出口，步行約 3 分鐘）

灣仔名店，1956 年開業於太原街，1994 年
搬至現址。全港首創冰鎮奶茶，茶溫保持冰
凍而茶味不會因加冰而變淡，與蛋撻及菠蘿
油屬鎮店三寶。

● 金鳳茶餐廳

沒
有
菠
蘿
的
菠
蘿
包

● 菠蘿包

· 名字 ·

菠蘿包

· 出生地 ·

香港

· 出生時間 ·

1950 年代

· 親屬 ·

墨西哥包、雞尾包

「虛有其表」的菠蘿包

　　菠蘿包是一種甜味麵包，沒有餡料，當然也不會有菠蘿，但在烘焙之後，麵包頂層的酥皮龜裂，一小塊一小塊的凹凹凸凸，呈金黃色，狀似菠蘿（亦稱鳳梨）表皮，因而得名。由此可見，菠蘿包只是外形與菠蘿相似，沒有「菠蘿」的內涵，屬「虛有其表」的食物。

　　菠蘿包由來的說法不一，有人說早年香港人認為傳統西式麵包味道單調，但當時香港經濟欠佳，市民消費力低，無法購買餡料豐富的麵包。既然市民對食物質素有所期盼，要怎樣才可以在低成本下推陳出新，就成了各大小店舖的挑戰。1950 年代，有麵包師傅在包面加上砂糖，再焗至金黃，為平凡的麵包加添美味；後來再變化翻新，利用豬油、麵粉、雞蛋、砂糖等材料，做成脆皮，豐富麵包的口感。

　　另一種說法指出，當時所用的麵包不是普通的西式麵包，而是俄羅斯的圓形麵包「大列巴」（Pirozhki），但香港人認為這款麵包味道平凡，就在上面加上各種材料，製成酥皮香脆、包身鬆軟的菠蘿包。兩種說法大同小異，只是後者指明菠蘿包由俄羅斯圓形麵包演變而來，故兩種說法可共行不悖，不必強分誰是誰非。

　　菠蘿包流行以後，食店繼續創新以吸引顧客，帶來各種變化。先是有茶餐廳將菠蘿包橫向切開，當中夾著一塊厚切的牛油為餡料（或奶油），稱為「菠蘿油」。特別是剛從雪櫃取出的冰冷牛油，放進尚有餘溫的菠蘿包內，包子的熱力令牛油溶化和滲透，麵包倍添美味。另外，不同食肆又嘗試加入各式餡料，如美心集團的酒樓就曾製作過紅豆菠蘿包、奶黃菠蘿包、叉燒菠蘿

包等，當中又試過加入一片片的菠蘿在內，令菠蘿包不用再背負「菠蘿包沒有菠蘿」的污名。

墨西哥包來自墨西哥？

當然，與菠蘿包「同病相憐」的還有墨西哥包和雞尾包，前者的原產地不是墨西哥，後者則沒有雞尾。據說一對曾移居墨西哥的廣東台山夫婦，來港定居後於上海街開設一間名叫「麥西哥」的茶餐廳。二人為了紀念於墨西哥生活的艱苦歲月，便焗製墨西哥當地一種名

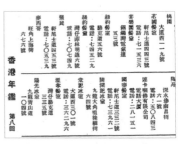

● 1955 年《華僑日報》出版《香港年鑑》
可找到位於上海街的麥西哥餐廳

叫 Concha 的麵包，再融入菠蘿包的特色，在包面加上類似的脆皮，稱之為「墨西哥包」。Concha 會在表面撒上甜味的餅乾屑，與港式墨西哥包的外表的確非常相似，而 1955 年《香港年鑑》也可找到這間位於上海街 676 號的「麥西哥」餐廳，令這個墨西哥包命名的傳說，增添了不少說服力。

雞尾包內找不到雞尾？

至於雞尾包，也是具代表性的港式麵包之一。話說 1950 年代，香港經濟不景，民生困苦，有麵包店主不想浪費每天賣剩的麵包，便把這些剩餘物資搓碎，再混合砂糖作為麵包的餡料（後期加入椰絲以提升味道）。由於這麵包的餡料是「百鳥歸巢」式的大雜燴，恍如西式「雞尾酒」般將不同的酒「左溝右溝」，故命名為雞尾包。因此，雞尾包內找不到雞尾，絕對是「常態」。

● 雞尾包與菠蘿包

● 墨西哥包

　　菠蘿包的精華在其表面的酥皮，這酥皮有點像中國傳統的合桃酥，但用料中西合璧，包括麵粉、砂糖、豬油、雞蛋、臭粉、泡打粉、梳打粉等。製作時預先將菠蘿皮的材料混合，並用手揉搓至沒有粉粒，放進雪櫃冷藏。將麵糰搓成圓球形後，經兩次發酵，將菠蘿皮壓成塊狀，鋪於包面上，然後塗上蛋液。

　　雞尾包的靈魂在於內餡，通常是用奶油和糖拌勻，加入奶粉、低筋麵粉和椰絲等，包進橢圓形麵糰而成。麵糰表面當然要塗上蛋液，擠上兩行麵料，再灑上幾粒芝麻，才算功德圓滿。

　　製作墨西哥包，要考究的是墨西哥醬。須待牛油軟化後，加入糖粉攪拌至均勻，再分多次將蛋液加入，篩入低筋麵粉，然後擠在已發酵的麵糰表面，放入焗爐即可。

我和美食有個約會

美食遊蹤

❶ 康甜餅店

地址：北角七姊妹道 199 號地下（港鐵鰂魚涌站 C 出口，步行約 3 分鐘）

街坊小餅店，菠蘿包、雞尾包、墨西哥包等全部自家製作，曲奇皮蛋撻也甚受歡迎。

● 康甜餅店

❷ 金華冰廳

地址：太子弼街 47 號地舖（港鐵太子站 B2 出口，步行約 3 分鐘）

港式懷舊冰室，開業於 1973 年，每日新鮮出爐菠蘿包，其菠蘿油乃得獎食品，人稱「冰火菠蘿油」，有「全港第一」的美譽。

● 金華冰廳

❸ 金鳳茶餐廳

地址：灣仔春園街 41 號春園大
廈地舖（港鐵灣仔站 B2 出口，
步行約 3 分鐘）

灣仔名店，1956 年由余氏夫妻
創立的老字號，其出品的菠蘿
油與金華冰廳的屬一時瑜亮，
哪一間是全香港最好已被大眾
爭論多年。

● 金鳳茶餐廳

❹ 九龍餐室

地址：灣仔軒尼詩道 396 號德
興大廈 7 至 8 號舖（港鐵銅鑼
灣站 B 出口，步行約 5 分鐘）

港式茶餐廳，其流沙雞尾包甜
味濃郁，受不少食客歡迎。

● 九龍餐室

飄洋過海的移民——沙嗲

● 沙嗲牛肉麵

·名字·

沙嗲

·出生地·

原為東南亞美食，移居潮州後來到香港。

·出生時間·

19 世紀

·親屬·

沙茶（兒子）

第一次移民 —— 從中東至印度

港式茶餐廳最受歡迎的美食之一，想必是令人回味無窮的沙嗲牛肉麵。沙嗲來自香港本地？是從國內傳入？還是外國的「進口」？故事要由 19 世紀的東南亞講起。

沙嗲其實來自印度的卡博串（Kebab），是一種源於中東地區的食物，意指將肉類以燒烤或煎炸的方式處理，後來傳入印度地區，漸受當地民眾歡迎，此為沙嗲的第一次移民。

第二次移民 —— 走向東南亞

19 世紀初，大量印度泰米爾人和阿拉伯移民進入荷屬東印度（今印尼），將這種食物帶入東南亞。印尼人再利用當地食材進行變化更新，加入薑黃、椰奶、香茅等香料，再混入椰糖製成醬料，當然也要以堅硬的椰子樹

● 沙嗲作為馬來西亞的地道美食，1960 年代於海南人開設的食店也可吃到。（《華僑日報》，1963 年 3 月 10 日）

197

葉梗把肉類串起來，創造出具當地特色的「沙嗲烤肉串」。沙嗲誕生後，深受不同階層喜愛，流傳至鄰近的馬來半島、泰國、菲律賓等地，成為魅力無窮的東南亞經典美食，是為沙嗲的第二次移民。

第三次移民 —— 落戶潮州

沙嗲又是怎樣傳入中國呢？眾所周知，清中葉以後，大量中國人被「賣豬仔」到南洋打工，當中又以廣東人和福建人最多。他們受沙嗲的美味所吸引，回鄉時把沙嗲的烹調方法帶入華南地區，當中潮州人因東南亞香料難以尋找，便配合華人飲食習慣，改用潮州盛產的大地魚乾、蝦米、花生作為材料，加入陳皮、大蒜、辣椒、薑黃、香草、丁香等，熬製而成「沙茶醬」，並在中華大地落地生根，成為具有潮州特色的醬料，此為沙嗲的第三次移民。「沙嗲」之所以叫作「沙茶」，全因「茶」在潮州話和閩南話的發音是「嗲」（Tay），「沙茶」之名漸漸取「沙嗲」而代之。

● 香港報章介紹沙嗲由星馬華僑傳入潮州，再變成潮州美食。（《大公報》，1960年3月13日）

● 1953 年《大公報》〈潮州巷仔潮州味〉提到沙嗲是潮州人的家常菜

沙嗲與牛肉在潮州的偶遇

　　東南亞沙嗲的主要材料有雞肉、豬肉、牛肉、羊肉等等，回教徒則不吃豬肉。那為何潮州沙嗲會跟牛肉結合成絕配呢？原來潮州商業繁盛，潮商自古以來即屬中國三大商幫之一，清中葉後大量從南洋回鄉的潮州人帶來豐厚的財富，令當地商貿一日千里。再者，正如饒宗頤所編《潮州志》所言，潮州限於地勢，耕地分割細碎，農民耕種少用耕牛而多用人力，故殺牛宰食和擺設牛宴為常事。因此，其他地區農民珍視牛隻，少殺耕牛，但牛肉在潮州則是桌上美食。適值沙嗲從外地傳入，其濃烈香味可減少牛肉的臊腥，潮州人便以沙嗲加牛肉，創作出沙茶牛肉爐、沙茶牛肉、沙茶牛肉粿（河粉）等菜式。

第四次移民 —— 南下香港

　　民國以來，大量潮州人因政局動盪而到香港謀生，當中不少到碼頭當苦力。部分懂得下廚的則在附近開設食肆和茶水檔，有賣魚蛋粉、打冷的，也

有做蛋治、西多士、咖啡等小食的。後來，顧客看到這些攤檔以沙嗲牛肉作為員工伙食，其香氣濃烈，亦要求店主提供此道菜式。於是，有生意頭腦的大牌檔，就以此作為招徠，更將沙嗲牛肉配上即食麵，成為餐牌上的美食，此為沙嗲的第四次移民。1953 年 11 月 20 日的《大公報》〈潮州巷仔潮州味〉指出：「沙爹牛肉是潮州人冬天的家常菜 …… 目下潮州巷仔也有賣」，當中點出了沙嗲牛肉由家庭走入食肆的變化。

· 製作特色 ·

由東南亞沙嗲醬演化而成的醬料，配上牛肉及快捷方便的即食麵，已成為港式茶餐廳的經典。要製作沙嗲牛肉麵，醬料多會採用市面有售的沙嗲醬或沙茶醬，另加花生醬，以及炒香的蔥、蒜及糖，更有風味。牛肉炒好，再加入醬汁炒匀，完成後放在麵上，撒上焗香的花生碎，一碗港式風味的沙嗲牛肉麵就大功告成！

我和美食有個約會

美食遊蹤

❶ 好好運快餐店

地址：荔枝角青山道 538 號半島
大廈地下 3 號舖（港鐵荔枝角站
B1 出口，步行約 5 分鐘）

原本位於醫局街的一間舊式港式
快餐店，因租約期滿遷到現址。
其沙嗲牛肉麵自獲得推介後，不
少食客慕名而至，大受歡迎，曾
一日賣出超過 200 碗。

● 好好運快餐店的出入口非常隱
蔽，追尋美食者要小心認路。

❷ 聯發茶餐廳

地址：九龍城侯王道 2 至 4 號地
下 1 號舖（港鐵宋皇臺站 B2 出
口，步行約 5 分鐘）

舊式茶餐廳，由佐敦著名茶餐廳
澳洲牛奶公司的後人開設，招牌
菜為滑蛋蔥花叉燒飯，沙嗲牛肉
麵也受不少食客推介，分量充
足，味道濃郁。

● 門外總有人輪候的九龍城聯發茶
餐廳

街頭美食——雞蛋仔與缽仔糕

● 缽仔糕

· 名字 ·

雞蛋仔、缽仔糕

· 出生地 ·

香港（雞蛋仔）、廣東台山（缽仔糕）

· 出生時間 ·

1950 年代（雞蛋仔）、清代（缽仔糕）

缽仔糕 —— 始於農村的糕點

缽仔糕源自廣東台山，是一種傳統粵式糕點。昔日農村物質條件欠佳，為了讓遠行或下田耕作者充飢，家庭主婦會以白米磨漿盛於缽仔蒸熟，方便攜帶。其後以瓦缽盛糕的方法流傳於鄉間，一些食肆亦以此法製成甜品，且大受歡迎。

清朝咸豐年間（1851–1861）《台山縣志》已有記載：「缽仔糕，前明士大夫每不遠百里，泊船就之 …… 馳名者只一家，在華豐迂橋旁，河底有石，沁出清泉，其家適設石上，取以洗糖，澄清去濁，以缽盛而蒸之。」由此可見，清代台山已有缽仔糕，當地一家食肆以缽仔蒸糕，所用之水來自當地清泉，故甘香味美，遠近馳名。此後，缽仔糕流傳至廣東各地，大受歡迎，也成為香港的傳統小食。

現時市面的缽仔糕，已不再使用瓦缽為容器，改以小瓷碗盛載。吃的時候把缽仔糕從小碗取出，以竹籤穿起，方便進食。缽仔糕晶瑩剔透，與年糕相似，惟有褐、白兩色，分別以黃糖或白糖製造，表面放滿紅豆，香甜軟滑、爽口彈牙。

雞蛋仔 —— 港人智慧的結晶

與缽仔糕一樣受歡迎的香港地道街頭小吃，還有雞蛋仔。雞蛋仔是香港土生土長的小食，是西式窩夫餅（Waffle）的一種變體。據吳昊考證，雞蛋仔早於 1950 年代已經流行。當時香港經濟不景，市民生活艱難，雞蛋屬

奢侈品，不少兒童在每年生日時才有機會嚐到母親準備的烚蛋。正因雞蛋如此珍貴，有雜貨店見每天有不少破裂的雞蛋或鴨蛋無法出售，又不想白白浪費，於是忽發奇想，加入麵粉、糖、淡奶等做成蛋漿，再

● 做雞蛋仔所用模具

參考西式窩夫餅的做法，將蛋漿倒進自製的模具內烘焗。由於設計的模具呈一個個小橢圓形，製成品酷似雞蛋，就稱之為「雞蛋仔」。自此，普羅大眾可以用低廉價錢，吃到「雞蛋」這道美食。雞蛋仔的誕生既展示香港中西文化交融的特質，也體現了港人物盡其用、靈活變通的民間智慧。

● 報章提及街頭缽仔糕小販（《大公報》，1969年6月8日）

● 1980年《工商晚報》介紹缽仔糕的專欄

缽仔糕

　　傳統的缽仔糕以黃糖或白糖為材料，加入粘米粉和澄麵後搓勻，糕面再放上紅豆，放在一個瓦製的小缽內蒸熟。隨著人們生活水平的提高，為滿足食客對美味的追求，一些缽仔糕內會加入不同餡料，如綠豆、巧克力、香橙、芒果、馬蹄、西米、椰絲等，不一而足。

雞蛋仔

　　雞蛋仔的主要成分包括雞蛋、麵粉、發粉、淡奶和白砂糖，也可以煉奶取代淡奶，加入牛油或植物油。先將所有粉篩勻，再加入蛋及糖拌勻，然後加入淡奶及水，不停攪拌至形成麵漿。把雞蛋仔模具燒熱，掃一層油，即可注入麵漿。將模具合上夾緊，以中慢火底面各燒一至兩分鐘即可。也可如坊間小店，在傳統中加入變化，放入巧克力、椰絲、黑芝麻等配料，增添美味。

我和美食有個約會

美食遊蹤

❶ 卓越食品餅店

地址：西營盤皇后大道西 305 號（港鐵西營盤
站 B1 出口，步行約 2 分鐘）

屹立西環 40 年的老字號，因舊區重建搬遷至
現址，前舖後工場，即做即賣，平日供應中式
糕點，缽仔糕是不少客人首選，有黃糖和白糖
兩款，其他甜點豬籠餅、芝麻卷、三層糕等已
屬「瀕臨絕種食物」級數。

● 卓越食品餅店

❷ 生隆餅家

地址：深水埗北河街 66 號（港
鐵深水埗站 A2 出口，步行約 3
分鐘）

屬家庭式經營餅家，1998 年開
業，出售缽仔糕等中式糕餅。

● 生隆餅家

❸ 方太糕品舖

地址：佐敦廟街 196 號地下（港鐵佐敦站 A
出口，步行約 4 分鐘）

米芝蓮推介街頭小食店，提供十多款中式
糕點，缽仔糕、白糖糕、芝麻糕等均大受
歡迎。

● 方太糕品舖

❹ 利強記北角雞蛋仔

地址：北角英皇道 492 號（港鐵北
角站 B1 出口，步行約 2 分鐘）

主要提供傳統原味雞蛋仔，外層脆
薄，內裏鬆軟，蛋味濃郁，風靡一
時，輪候也需時。

● 利強記北角雞蛋仔

Chapter.03

美食史裏的
香江舊語

「食晏」與「靚仔」的相遇

🔲 1957 年報章專欄已介紹大牌檔以「靚仔」稱呼白飯

・解釋・

食晏 // 吃午飯

靚仔 // 白飯（白米飯）

・例句・

顧客：「今日遲了食晏，肚子很餓，給我先來三碗白飯。」

侍應：「二號枱要三個靚仔。」

・近義詞・

靚女 // 白粥

在廣東話裏，「食晏」解作吃午飯，「靚仔」則指美男子，兩者之間有何關係？原來今日香港不少食肆都習慣將白飯稱為「靚仔」，而早期粵港兩地的飯店則把白飯叫作「晏」，吃飯叫作「食晏」，大碗的白飯稱作「大晏」，細碗的白飯稱作「細晏」，給低下層供應膳食的廉價食店就叫「晏店」。「食晏」和「靚仔」兩個詞語雖然誕生於不同年代，但都與「白飯」結下不解之緣。

廣東話「食晏」來自古代漢語

「晏」字在中國歷史上第一本字典《說文解字》解作「天清也」，也就是日出之後晴朗無雲的意思，由此而引申出太陽已高高升起，時間已經「晚」了或「遲」了。將「晏」聯繫到飲食，最早見於同樣是漢代的典籍《淮南子》，書中有言「（日）至於曾泉，是謂蚤（按：通假作「早」字）食；至於桑野，是謂晏食……

● 報章用「食晏」一詞描述上班一族的中午飯餐（《華僑日報》，1959 年 11 月 16 日）

至於悲谷，是謂餔（按：夕食的意思）時」。全句意思是：「太陽到達水澤曾泉，正是用早點的時間；而到達桑野，就是用午餐的時間……到了悲谷，正是該用晚飯的時間了。」由此可見，相對於早餐，午餐是遲一些進食的，所以就叫作「晏食」，而廣東話將「午餐」叫作「食晏」，其實是保留了古代漢語的詞匯。

「食晏」引申為「吃飯」，「晏」就等同「白飯」

所謂「民以食為先」，中國人最重視的就是能否吃得飽，所以見面互相問候時，常會詢問對方「吃了飯沒有」，而廣東人當然會用廣東話說「食晏未」或「食左飯未」。昔日普羅大眾的主食是米飯，從事體力勞動的要靠白飯充飢，能大魚大肉地吃一餐的實在少之又少。一些勞苦大眾更只會在廉價食館（又稱「晏店」）叫白飯來吃，伙計為這些白飯澆上一小勺菜汁或醬油（昔日俚語稱為「上色」、「加色」或「沖涼」），已是「無上享受」。因此，「食晏」本來指吃午飯，或泛指吃飯（包括午飯和晚飯），再引申為進食「白飯」，「晏」在香港上一代心目中也成為了「白飯」的代名詞。

● 報章用「食晏」一詞描述上班一族的中午飯餐
（《華僑日報》，1959 年 11 月 16 日）

● 廣州晏店罷工的消息（《華字日報》，1924 年 6 月 11 日）

白飯因何變「靚仔」?

在光顧中式食肆或茶餐廳時，常會聽到侍應呼叫「靚仔」、「靚女」，大家可別誤會自己是俊男美女。其實，「靚仔」、「靚女」只是米飯及白粥的暱稱。米飯在廣東話又叫「白飯」，意思是指米飯粒粒雪白，而廣東話又叫「青靚白淨」的男士為「靚仔」，於是有人就以「靚仔」來稱呼「白飯」。

白粥順理成章做「靚女」

至於粥，則用絲苗白米煲煮數小時而成，屬廣東傳統美食，因沒有加入任何配料，故被稱為「白粥」。白粥柔軟綿滑，就像溫柔的女性，故白飯與白粥天生一對，「靚仔」和「靚女」也屬天作之合，食肆既習慣用「靚仔」代替「白飯」，自然也用「靚女」來稱呼「白粥」。不過，坊間也有另一說法，認為「靚女」起源自潮州打冷店。打冷店會提供白粥，而潮州話將「粥」叫作「糜」，「食粥」叫「席糜」。於是，伙計一聲一聲的「阿糜」，其他廣東食客聽在耳裏，就成了粵語相近的「阿美」和「阿妹」，於是白粥就變成美女了。

● 今日食肆的潮州粥用料豐富，跟昔日的白粥迥然不同。

我和美食有個約會

❶ 妹記生滾粥品

地址：旺角花園街 123A 號花園
街市政大廈 3 樓熟食中心 11 至
12 號舖（港鐵旺角站 B2 出口，
步行約 3 分鐘）

● 妹記生滾粥品

四十多年歷史的粥店，從 1979
年一對姊妹在麥花臣球場擺檔開
始，提供生滾粥、爽魚皮和油炸
鬼等，直到 1990 年代搬到市政
大廈。其粥底新鮮綿滑，濃稠適
中，招牌魚腩粥、肉丸牛肉粥、
及第粥均受歡迎。

❷ 靠得住（克街）

地址：灣仔克街 7 號地下（港鐵灣仔
站 A2 出口，步行約 6 分鐘）

於 2000 年開業，近年連續多次獲米
芝蓮推介，也是第一間獲得米芝蓮推
介的粥店。心肝寶貝粥是不少食客的
心水之選。

● 靠得住靚粥

❸ 坤記煲仔小菜

地址：西營盤皇后大道西 263 號和益大廈地下 1 號舖（港鐵西營盤站 B1 出口，步行約 3 分鐘）

店主坤哥與兄長於 1984 年在正街開設主打煲仔飯的茶餐廳。結業後兄長赴日本工作，坤哥輾轉再在 2000 年開舖，再展拳腳。其煲仔飯獲米芝蓮推介，材料豐富，飯焦香脆，大至火爐和瓦煲，小至食材和豉油都很講究。

● 坤記煲仔小菜

「混吉」與「運桔」有沒有關係？

1930 年《工商日報》報道，指因打架而上法庭的案件混吉（一場胡混），可見混吉一詞由來已久。

・解釋・

混吉 // 有「白撞」和「胡混」意思，指顧客沒有幫襯，甚至胡搞一番，讓店員白忙一場，徒勞無功，日常工作受到影響。

・例句・

那位富家小姐走進鞋店後，左挑右選，試了十多對不同款式的高跟鞋，最後一對也看不上眼，店員白忙一場後，不禁心裏暗罵「混吉」。

・同義詞・

白撞　搞搞震，冇幫襯

　　看見「混吉」一詞，不少人會認為跟搬運「年桔」有關，誤以為所指的是買賣年桔時出現的「混騙」行為。但其實，「混吉」的「吉」不是指年「桔」，所指的是昔日食店提供的免費湯水，後來這類食店日漸式微，知者不多，才致誤解。

　　民國前後廣東一帶流行「晏店」。「晏店」就是一些使用下價食材、收費廉宜的平民食肆。光顧晏店，吃飯點菜，要一碗「例湯」，當然就要付鈔，但飲用名叫「吉水」的清湯，就是免費的。這些「吉水」多用大荳芽菜或蘿蔔等煮成，略有鮮味，後來香港一些茶餐廳或雲吞麵店加以效法，將煮麵、午餐肉或香腸留下的有味熱水，當作清湯奉客，不須額外收費。

● 1963 年《華僑日報》
新聞用上混吉一詞

● 為了避諱，粵港兩地習慣將空舖為吉舖，晏店將清湯叫作吉水，原理也是一樣。(《工商日報》，1931 年 4 月 15 日)

當時顧客進入這類食肆，喊一聲「吉水一碗」，侍應就隨即奉上；有時店裏工作繁忙，熟客可以自斟自飲；有時侍應見客人一坐下，即使還未點菜，也會自動送上「吉水」。昔日生活艱難，一些三餐不繼的窮人走進晏店後，會扮作光顧，將侍應送上的「吉水」一飲而盡，然後趁待應不察覺時，一聲不響地離開。由於「吉水」是免費提供的，食店不能說他們白吃白喝，就只能嘆一句「混吉」，意思就是指顧客沒有光顧，只「混騙吉水」一碗。

大家可能會問，那些清湯為何要叫作「吉水」呢？相信大家都知道，中國人對死亡素有忌諱，「兇」字不得隨便提及，與「兇」同音的「空」也在避諱之列。因此，空屋或空舖招租，至今仍習慣稱作「吉屋」和「吉舖」。至於沒有材料的清湯，除湯水以外「空空如也」，自然也要用上「吉」字。

我和美食有個約會

美食遊蹤

❶ 椰小盅燉湯專門店（太古城中心）

地址：太古太古城道 18 號太古
城中心 1 樓誠品生活 L106 號舖
（港鐵太古站 E1 出口，步行約
3 分鐘）

主要提供原盅椰子燉湯，曾獲
米芝蓮推薦，不喜歡椰子的可
以選擇其他燉湯，如蓮藕排骨
燉盅湯等。

● 椰小盅燉湯專門店

❷ 蒸廬

地址：沙田石門京瑞廣場一期
2 樓 225 號舖（港鐵石門站 C
出口，步行約 2 分鐘）

典型燉湯店，提供不加味精、
無鹽燉湯，如栗子蟲草花膠
燉雞湯、猴頭菇螺片燉瘦肉湯
等，價錢合理。另有多款點心
可供選擇。

● 位於沙田石門的蒸廬

雲吞麵為何叫「細蓉」?

在炎炎的夏日……工友工餘下班時，追回家去，因早晚之故，舟車那麼擠，那兒太擠了？當然，往那兒去冰室，不宜過飽，或者「細蓉」一碗的大有其人。……他們的顧客相當多，玻璃為櫳，往往以抹某的，叫就揩……

仙們的閒客相當多，在一間隔房裏，一生怕水煲熱，粟經……忙得相當，身晚上的一份，他們總要去找點甚麼吃，消餐摷得蓋，沾飽，晚便就離下咽了，因自天工作時，不蒂甜品，皮，一杯棒茶，一件，亦無不可。但有一點工友，大興搬這皮。次屬消客，受熱非冷，到露天，去粥店……

各階廚人物也有。順……

○ 1966 年報章專欄已稱呼雲吞麵為細蓉（《華僑日報》，1966 年 8 月 15 日）

· 解釋 ·

細蓉 // 蓉（粵音湧）指雲吞麵，細蓉即細碗的雲吞麵，後來泛指雲吞麵。

· 例句 ·

廣東口語：伙記，嚟一碗「細蓉」，走青兼扣底。

書面語：侍應，來一碗細雲吞麵，不要蔥，而且要少一些麵。

· 近義詞 ·

大蓉 // 大碗的雲吞麵

雲吞麵又稱「細蓉」，是
廣州特色小吃。這種深受歡迎
的美食，為何會叫作「細蓉」
呢？原來雲吞麵稱之為「蓉」，
是從「芙蓉面」衍生而來。古
人喜歡以芙蓉面比喻美人的面
容。白居易〈長恨歌〉有「芙
蓉如面柳如眉」；元代王實甫

● 又稱「細蓉」的雲吞麵

《西廂記》第一本也有言「遊絲牽惹桃花片，珠簾掩映芙蓉面」。久而久之，
「芙蓉」就用來形容美貌女子的面容，進而比喻作「靚麵」。賣麵的商販認為
自己製作的雲吞麵像出水芙蓉般美麗，便叫雲吞麵為「芙蓉」，之後侍應為
求簡潔，將「芙蓉」簡稱作「蓉」。

那麼「蓉」又怎樣變成「細蓉」？原來昔日一般百姓多從事體力勞動，
晚上愛吃宵夜、點心，雲吞麵也要大大碗，否則無法滿足其需求。然而，一
些富裕人家，如西關大少或名門淑女，就嫌雲吞麵太大碗。商販於是靈活應
變，將麵的分量減少，於是就有「大蓉」和「細蓉」之分。隨著社會進步和
經濟改善，香港人品嚐美食時「貴精不貴多」，「細蓉」漸成主流，最終更
「獨步天下」，演變為雲吞麵的代名詞。

雲吞什麼時候開始出現？學界主流的意見指，雲吞是北方人所說的「餛
飩」。古人認為餛飩是密封的包子，稱為「渾沌」，後來改稱讀音相近的「餛
飩」。唐朝《韋巨源食譜》更指出餛飩形如花朵，餡料各異，凡24種之多。
估計餛飩就在唐宋時從湖南傳入廣東。北宋高懌《群居解頤》一書已有記

載：「嶺南地暖……入冬好食餛飩。」民國時期，陳以益在 1932 年第 9 期《珊瑚》刊登文章〈餛飩與雲吞〉，指出日本的中國料理店，一律將「餛飩」用廣東方言「雲吞」來稱呼，日本語呼之為「ワンタン」（Wan Tan）。由此可見，「餛飩」和「雲吞」是同一種食物，只是地域不同，讀法有異而已。

至於「雲吞」與「麵線」結成「形影不離」的一對，且流行於廣東地區，相信是清朝中葉的事。據說清同治年間，一位湖南人在廣州雙門底（今北京路），開設一間「三楚麵館」（三楚即湖南、湖北一帶），專賣麵食，當中包括雲吞麵。據說此麵大受歡迎，仿效者眾，漸成風尚。廣東才子何淡如在同治年間更留下著名的對聯：「有酒不妨邀月飲，無錢那得食雲吞。」

此後，大小店舖和街頭擺賣的小販都賣雲吞麵。廣州路邊攤檔和小販，會以小木棒敲打竹板，發出「督督」的聲音，以招徠生意。至於網上資料指，雲吞麵在香港要到二次大戰後才普及，此說未可盡信。清末民初時，無論街頭小販，又或是各式食店，賣雲吞麵已非稀奇之事。現摘錄相關例證如下：

年份	例子
1907	日本人平貞岡到訪香港，與友人鄭先生在中上環一帶光顧路邊賣雲吞麵的小販，平貞岡因為自己穿上西裝，卻在路邊站著吃麵，感到很丟臉。
1920	《華字日報》刊登太平洋飲冰室的廣告，以名廚提供雲吞麵作招徠。
1927	《華僑日報》〈為食街的叫聲〉：「星期五那天，我因事行過食街，即士丹利街……朋友吃多幾吓，是賣雲吞麵的叫聲。」
1941	史提芬斯向市政局提交有關小販問題的報告，當中提到中環大牌檔和晏店有提供雲吞牛肉麵，前者作價一毫五仙，後者一毫一仙。

不愧為特色雲吞麵

凡嗜雲吞麵者、多稱安樂園所製最為特色、誠以該園不惜工本選上等材料麵質精良、製以全列蛋、故爽滑清香、雲吞中之家肉蝦新鮮、湯水清甜有此特色、大得食客贊訨也。

● 報章介紹著名食肆安樂
園所製之雲吞麵（《華字
日報》，1932 年 12 月
3 日）

夜敲竹板售雲吞麵

【特訊】海九各區深夜常有小敲竹板生意敝、以拐誘蛋吞麵生意敝、此眠寢有偈人消夜、而儌蓄局所蒙者。昨首宗梗捷於中央裁判署見宗梗捷於中央裁判署見寃沉屈。銓罄繁有敲之之小販開被拐為十五歲之陳某及鍋某、乃乎前夜分捫被拐干歇瞇折及城付道四附近者、結果陳被判五元、拐被鋼六元宗傲。（題）

● 昔日雲吞麵小販愛敲打竹板，發出「篤篤」的聲音，
以招徠生意。（《華僑日報》，1949 年 5 月 31 日）

223

我和美食有個約會

美食遊蹤

❶ 麥奀雲吞麵世家（簡稱麥奀記）*

地址：中環威靈頓街 77 號地下（港鐵香港站 C 出口，步行約 5 分鐘）

廣州雲吞麵之王麥煥池在二戰後舉家移居香港，創立池記。兒子麥鏡鴻先服務於上環金龍酒店，以「廣州池記之子麥奀主理」（因其身型瘦削而被稱為麥奀）為宣傳，之後於 1968 年自立門戶，在中環機利文街開設大牌檔麥奀記，1989 年再於現址開業。雲吞的鮮蝦彈牙，有鮮味，廣受讚譽。

---

* 麥麥氏一家堪稱粵港兩地雲吞麵的泰山北斗，且開枝散葉，當中有麥家遠親麥民敬開設的麥文記麵家；麥奀長子麥志忠所開的忠記麵家，現為麥奀記（忠記）麵家；次子麥志明在西環開設的麥明記；四女麥潔瑩與丈夫鄭家兆開設的麥兆記；池記麥煥池第一代入室弟子何釗洪開設的何洪記。它們均延續了廣式雲吞麵風味，廣受好評，是「細蓉文化」從廣州到香港的歷史見證。

● 中環威靈頓街
　的麥奀記

❷ 坤記竹昇麵

地址：長沙灣永隆街 1 號 E 舖（港鐵長沙灣站 C 出口，步行約 3 分鐘）

2010 年開業，是香港少有提供竹昇麵的店舖，每天新鮮製作麵條，以傳統竹竿壓製而成，爽口彈牙，全無鹼水味，搭配自製的大地魚湯，雲吞皮薄料足，口感豐富，獲米芝蓮推介。

● 坤記竹昇麵

「鱔稿」一詞的由來

報章娛樂版以「不懂放鱔」一詞，形容知名導演朱牧未有
提供宣傳稿資料。（《工商晚報》，1970 年 11 月 7 日）

· 解釋 ·

鱔稿 // 用作宣傳的文字，通常指商業
性質的宣傳稿。

· 例句 ·

這次分店的開幕典禮很成功，快請人寫
一篇鱔稿送到各大報章，宣傳一下。

· 同義詞 ·

宣傳文章　廣告稿

「鱔稿」一詞來自 1930 年代
的南園酒家。南園酒家是廣州四
大酒家之一，1927 年來港開業，
位於中環威靈頓街，招牌菜之一
是炆大鱔（黃鱔、白鱔等）。黃鱔
一年四季均有出產，但以每年農
曆六至八月（即二十四節氣的小暑

● 紅燒大鱔

前後）最為肥美，故民間有「小暑黃鱔賽人參」的說法。此時各大酒家都會
製作大鱔菜式，吸引食客。所謂「物以罕為貴」，遇上生劏名貴花錦鱔的日
子，更是機會難逢。花錦鱔可以長達一米，重五、六十斤，有時難以在一日
內沽清，在雪櫃仍未普及的年代，賣不完就會暴殄天物，故宣傳促銷工作至
關重要。一般酒家都會在門口貼紅紙宣傳，公告某月某日生劏大鱔，讓各方
食客及早預訂。

「酒樓王」陳福疇，綽號「乾坤袋」，素有行銷策略，是昔日飲食界的商
業奇才、宣傳達人。1920 至 1930 年代，他負責主理南園酒家（後來他同時
受聘於大三元等酒家，實行四大酒家聯營），為了促銷大鱔，但又想不費分
文，便想出妙計，委託熟客《工商日報》港聞版編輯俞華山幫忙寫宣傳新聞
稿，再由俞氏發放到各大報館（如《華字日報》、《工商晚報》等），標題通
常是「南園酒家宰大鱔」，文字只有寥寥數十。由於南園酒家常會宴請各大
報章編輯，報社員工光顧也會提供優惠，報界中人自然要投桃報李，借報章
一角刊登這些促銷大鱔的宣傳文稿。每當報界中人看到這些稿件，就會不禁
說聲「鱔稿又來了」。久而久之，報界就習慣將宣傳商品的新聞稿稱為「鱔

稿」。後來，鱔稿之風日盛，大量版面淪為免費宣傳地盤，報社老闆只得下令禁止。1933 年後南園酒家的鱔稿已不再出現在《工商日報》，惟「鱔稿」一詞仍流傳至今，不同報章上各式的鱔稿仍屢見不鮮。

檢視 1927 至 1937 年的《工商日報》，第一篇鱔稿出現於 1928 年，最後一篇是 1931 年，但其他主題的宣傳稿仍時有出現。1933 年後所有南園酒家的宣傳稿絕跡。數年間鱔稿共 15 篇，而「宰大鱔」以外主題的宣傳稿數目就更多。當中第一篇鱔稿刊於 1928 年 1 月 7 日，應為香港史上第一篇鱔稿。

表一：《工商日報》為南園和大三元酒家刊登的免費宣傳稿統計

年份	「宰大鱔」主題	其他主題
1927	0 篇	6 篇 （主題：陳設新穎、招呼周到、新推菜式、魚翅等）
1928	4 篇	6 篇 （主題：設女招待、設茶座、設升降機、新菜式等）
1929	9 篇	8 篇 （主題：宰黃鱔、經濟時菜、向客人派銀紙等）
1930	1 篇	4 篇 （主題：宰梅花鹿、泰山鍋、十大件菜式、新菜式）
1931	1 篇	4 篇 （主題：新菜式等）
1932	0 篇	8 篇 （主題：新菜式、提供涼品如雪糕汽水等）

表二：《工商日報》為南園和大三元酒家刊登的宰大鱔宣傳稿舉例

南園酒家今日宰大鱔
柏林藥行之製品

港聞二
南園大三元又宰鱔王

● 1928 年 1 月 7 日　　● 1929 年 12 月 17 日

南園大三元又宰大鱔王

港聞二
南園大三元宰鱔王

● 1929 年 12 月 20 日　　● 1930 年 1 月 15 日

表三：《工商日報》為南園酒家刊登其他宣傳稿舉例（宰大鱔以外的主題）

南園酒家添設女招待

時屆炎熱、邵人士皆謀遣暑之所、本樓南園酒家、椅子天臺佈設雅緻之房、以迎應晉人納涼消遣、且特免麻雀費、餘二樓不設女招待外、並廣延香江著名女待以資招待云、

● 1928 年 6 月 19 日

南園酒家定期举葬

感蒙頌衛南園酒家、昨購到生猛肥大黄鱔一項、現定於本月三十日、即禮拜六日宰案、好嚐此者、屆爲照意。

● 1929 年 11 月 29 日

南園兼售涼品

感蒙頌衛南園酒家、自換九大仲十大件、夏季新菜核、社會人士、多數用之以迓客、姜材炎而不侠、清而不賦、確得夏季食譜之賞、近以時屆炎夏、於點心中製有荷葉飯、并加設雪藏汽水鮮奶各項食品、務期美備、而利顧客所需云、

● 1932 年 5 月 24 日

我和美食有個約會

美食遊蹤

❶ 泉章居

地址：上環干諾道中 133 號誠信大廈地下 C 舖及 1 樓（港鐵上環站 C 出口，步行約 1 分鐘）

陳奕泉及陳日章 1940 年代於廣東興寧市創辦泉章居，1949 年遷到香港，落戶深水埗北河街。後來陳奕泉留守舊店，陳日章另開醉瓊樓，兩者均是以客家菜為主的食肆，也有提供粵菜。泉章居招牌菜是鹽焗雞，豉汁蒸大鱔也獲不少好評。

● 泉章居

❷ 興記菜館

地址：油麻地廟街 12、14、15、17、19 號一連五個舖位（港鐵油麻地站 C 出口，步行約 2 分鐘）

於 1980 年代開業，已在廟街扎根四十多年，以明火炭爐製作各式煲仔飯，打響名堂。美食款式眾多，傳統和新派皆有，其中黃白鱔煲仔飯享負盛名。

● 興記菜館

什麼是「打冷」？

1960 年《大公報》專欄介紹潮州菜，提及潮州魚翅、鵝掌、炸雙拼等菜式。

· 解釋 ·

打冷 // 食潮州菜

· 例句 ·

小強成功考取駕駛執照，今晚要慶祝一下，一起去打冷吧！

· 同義詞 ·

光顧潮州食肆

香港人習慣以「打冷」代表光顧潮州食店、吃潮州菜，或專門用來指稱潮州人經營的大牌檔冷盤熟食。打冷一詞的由來眾說紛紜，至今未有定論，惟主流說法相信「打」代表吃，「冷」即是「冷佬」，意指男性潮州人。

潮州話「人」字的發音為「冷」，所以潮州人會自稱「架己冷」，一般人則將潮州人稱為「潮州冷」或「冷佬」。香港開埠後有大量潮州人來港謀生，開辦潮州食店或大牌檔，在晚市或宵夜時分，提供大眾化潮式冷盤熟食，如鹹菜鱔魚、菜脯花生、滷水鵝、大眼雞、白粥等。當中最著名的要數上環「潮州巷」，1953 年 11 月 20 日《大公報》〈潮州巷仔潮州味〉一文就介紹了全盛時期的潮州巷，小巷內二、三十個檔口，各種潮州美食應有盡有，客似雲來，更成為潮州人在香港的社交場所。

這些攤檔的食品當然並非佳餚美饌，多數只是潮州風味的家鄉菜式，如滷水或醃製食物、魚飯、海鮮等。這些菜式都會陳列在檔口前，預先煮熟

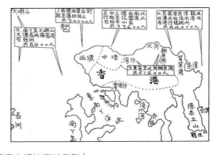

● 1964 年旅港潮僑九龍及港島分佈圖（潮州通鑑出版社資料室製）

的食品則用大鍋慢火保溫。客人挑選心儀的食物後，自行返回座位，等候菜餚送上餐桌。這種半自助式的「潮州快餐」，香港人稱之為「打冷」。隨著1970年代潮州菜漸受普羅大眾歡迎，「打冷」一詞不脛而走，在國家改革開放後更「回流」潮州，成為當地流行用語。

「冷」字正如上文所述，是潮州人的稱呼，其後引申為潮州菜的代名詞。至於動詞「打」，就是「進食」或「光顧」的意思。以「打」字代表進食或光顧，由來已久，在宋元小說中，就有「打店」或「打尖」的說法，指旅途中到飯店休息並吃點東西。香港俗語也常用「打」字，例如「打邊爐」是吃火鍋，「打的」是乘搭的士。因此，香港人自創了「打冷」這個詞語，表示光顧潮州人開設的食店或大牌檔，進而將食潮州菜稱為「打冷」。

至於其他說法，有指「打冷」不是潮州話，而是中西合璧的「打round」，因為預先煮好的食物放在店前，食客先要「打個轉」，選擇心儀食物，用上中英夾雜的方式表述，就是「打個round」，進而衍生「打冷」一詞。但昔日草根階層的港人是否有中英夾雜的語文能力，值得深思，故此說有待更多理據佐證。

另外，有人認為「打冷」其實是潮州話「擔籃」的粵語諧音，反映早期潮州人挑著擔子，把飯菜放在籃子裏沿街叫賣。然而，這種說法沒有文獻佐證。

● 上環潮州巷內檔口

● 報章專欄詳細介紹香港的潮州菜，指出德輔道西天發酒家、皇后大道西潮州酒家、太子道潮州菜館、九龍城樂口福酒家是當時知名的四大潮州酒家；而潮州菜菜式更有六百多種。（《大公報》，1959 年 8 月 18 日）

我和美食有個約會

美食遊蹤

❶ 創發潮州飯店

地址：九龍城城南道 60 至 62
號（港鐵宋皇臺站 B3 出口，步
行約 4 分鐘）

這間著名潮州食店在 1946 年
於汕頭創立，來港後開舖於佐
敦，1971 年遷到黃大仙，再
於 1981 年承接現址一間茶居。
其菜式正宗，如煎牙帶魚、魚
飯、炸豆腐，豐儉由人，當中
以白灼螺最顯工夫。

● 創發潮州飯店

❷ 尚興

地址：上環皇后大道西 33 號地
下（港鐵西營盤站 A1 出口，步
行約 5 分鐘）

1950 年起家的老店，從前是
潮州巷的街邊檔，潮州巷拆遷
後搬入舖位。滷水據說只添不
換，味道十足，故滷味拼盤風
味十足，魚飯和凍蟹亦是招牌菜。

● 尚興

❸ 德記潮州菜館

地址：石塘咀卑路乍街3號益豐大廈地下（港鐵香港大學站C2出口，步行約2分鐘）

屹立區內三十多年，連續多年獲得米芝蓮推介的潮州打冷店，招牌菜是胡椒豬肚湯，例牌菜椒鹽九肚魚、炸蠔餅、鵝肝拼鵝片、滷水鵝肉片拼什燴等均受歡迎。

● 德記潮州菜館

「阿茂」整餅，真有其人？

● 體育版專欄以「阿茂整餅」形容多此一舉的行為（《工商日報》，1982 年 12 月 6 日）

·解釋·

阿茂整餅 // 廣東歇後語，指「無嗰樣，整嗰樣」（比喻某人沒有事情卻刻意找事做）。原意是稱讚造餅師傅高效率的做事方式，後來成為貶義詞，用來責罵別人多此一舉，工作能力差。

·例句·

這間機構的領導人不體恤下情，與下屬缺乏溝通，推出的政策就像「阿茂整餅」。

·同義詞·

多此一舉

廣東有一句歇後語：「阿茂整餅 ── 無嗰樣，整嗰樣」，比喻人們沒有事情卻刻意找事做，多此一舉，累人累事。原來「阿茂」真有其人，就是民國初年廣州著名茶樓蓮香樓的點心師傅區茂。區茂為人勤奮，盡忠職守，忙完廚房的工作就到店面巡視。那時蓮香樓所製的糕餅小食款式繁多，蓮蓉酥、雞仔餅、皮蛋酥、棗蓉酥、老婆餅等廣受歡迎（老婆餅為該店首創），茶市時段經常供不應求，被飲茶後買糕餅回家的食客搶購一空。為免食客失望而回，區茂經常到店面視察，發現某些糕餅所餘無幾，甚或已經售罄，就趕快到廚房製作。眼見區茂將一盤又一盤的糕餅拿到店面，食客均讚不絕口，其出色的表現亦在市內廣受頌揚。

由於廣東話將「製餅」稱為「整餅」，於是食客便流傳「阿茂整餅 ── 無嗰樣，整嗰樣」的說法，稱讚他做事勤快，以客為本，哪一款糕餅缺貨，就立即補充。可惜這句原本用來稱讚區茂師傅的話，其他不知來龍去脈的人聽在耳內，望文生義，只著眼於「無嗰樣，整嗰樣」幾字，將其變成了貶義 ──「多此一舉」、「自己空忙一場後累人累事」。

區茂工作的地方，前身是一間位於廣州西關的糕酥館，用蓮子來製作糕餅餡料，獨具一格，大受歡迎。糕酥館於清光緒十五年（1889）搖身一變為茶樓，取名「連香樓」。連香樓善用蓮蓉作酥餅包點的餡料，首創以蓮蓉製作月餅，開飲食史先河。時至今日，蓮蓉包和蓮蓉酥隨處可見，蓮蓉月餅更成為了廣東月餅的定式，一提到月餅，大家就會想起蓮蓉餡料。

宣統二年（1910），翰林學士陳如岳品嚐了連香樓的美食後，大讚其蓮蓉清香可口，故建議將店名的「連」字加上部首「艹」，更名為「蓮香樓」，並手書「蓮香樓」三個大字。自此，連香樓易名為蓮香樓，贏得「蓮蓉第一

家」的美譽。今日廣州蓮香樓正門金漆牌匾「蓮香樓」三字，就是出自陳如岳的手筆。

順帶一提，陳如岳晚年辭官歸故里，兼營陳太吉酒莊（即現在的石灣酒廠），首創以肥豬肉浸在米酒中，經過一段時間，令米酒更為清醇。人們將這種燒酒取名「肉冰燒」。因粵語的「肉」和「玉」同音，酒中豬肉又晶瑩剔透如冰塊，故後人將「肉冰燒」定名為「玉冰燒」，流傳至今。

蓮香樓盛名遠播，生意蒸蒸日上，1918 年有香港商人赴廣州請求開設分店，廣州總店便派師傅來港，引入蓮香樓多款美食。1927 年，廣州蓮香樓掌櫃顏樂天在中環皇后大道中開設第一代蓮香樓分店；1928 年旺角廣東道分店也接著開業。經過百年滄桑，香港蓮香樓與廣州總店雖同出一脈，但再沒有業務關聯。旺角分店至 1970 年代結業，中環店亦於 2022 年因不敵疫情宣佈結業，在香港飲食史上寫下無奈的休止符。

● 舊式酒樓舖面均擺放餅食出售（上環蓮香居）

● 今日蓮香樓除經營酒樓外，更開設糕餅專門店，圖為位於廣州西關的蓮香樓。

我和美食有個約會

美食遊蹤

➊ 八仙餅家

地址：深水埗南昌街 197 號地下
（港鐵深水埗站 B2 出口，步行約 5
分鐘）

前身是 1960 年代開業的八仙大茶
樓，老闆吳志坤 1978 年因生意欠
佳，只保留唐餅部。餅房掌櫃張祥
在此時入股，之後獨挑大樑，再傳
予後人。此經典懷舊餅店，製作的

● 八仙餅家

餅食林林總總，滿足食客不同需求，皮蛋酥、叉燒蠔豉酥、合桃酥、
雞仔餅、嫁女餅（紅綾、黃綾等）、老婆餅等，均受歡迎。

➋ 生隆餅家

地址：深水埗北河街 66 號地舖
（港鐵深水埗站 A2 出口，步行約 3
分鐘）

1998 年開業的傳統老字號餅店，
出售糕點有白糖糕、合桃酥、老婆
餅、紅豆糕等，體驗上一代香港人
「回憶」中的味道。

● 生隆餅家

「燉冬菇」——「可憐」「便衣」變「軍裝」

1968 年《大公報》新聞用上「燉冬菇」一詞描述警員連降三級

·解釋·

燉冬菇 // 因做錯事而降級（不等同於解僱或離職）

·例句·

廣東口語：你工作噉唔認真，唔驚老闆燉你冬菇咩？

書面語：你工作態度如此馬虎，不怕僱主將你降職嗎？

·同義詞·

降職　被貶　失去權力

相信所有在職人士都不想被老闆「燉冬菇」，
因為「燉冬菇」就是被「降級」，引申為「被貶」
和「失去權力」。為什麼「燉冬菇」會代表降級呢？
流行的食品燉奶和燉蛋又有沒有這個意思呢？原來
「冬菇」的原罪來自它的外形，要責怪的就是它與
第一代香港軍裝警員所戴的帽太相似。

從香港開埠初期到 1920 年代，香港警察穿著
的是第一代制服。按相關規定，來自不同地區的警
察，其警服也有不同，當中以警帽最為顯眼。當時
警員的編號前會加上英文字母，以識別警察的身
分：A 代表歐籍人士；B 代表從印度招募而來；C

● 昔日華籍軍裝警員戴
上狀似「冬菇」的竹
帽，身穿綠衣，故人
稱「大頭綠衣」。

代表本地廣東人；D 代表 1923 年起從山東威海衛招募來的山東人。歐籍警
察使用頂部有尖刺的頭盔；印度警察主要是旁遮普邦的錫克教徒，他們會按
傳統用布包頭；華籍警察則頭戴清朝款式竹製尖頂圓帽。此外，華籍警員的
制服呈深綠色，腰以下以白襪束著褲腳，穿著中式布鞋，形成頭大身細的模
樣。因此，當時就有民謠：「ABCD，大頭綠衣，捉人唔到吹 BB（按：指吹
銀雞通知同僚增援）」。民謠中「大頭」一詞正是形容軍裝警員所戴的竹帽，
而這頂竹帽也就是「燉冬菇」一詞的由來。

按香港警隊的傳統，便裝的警員不論地位還是待遇都比穿警服的高，
當差的都認為出任便裝比軍裝優勝。因此，當一位便衣警員因各種原因（如
不守紀律），接到上級的命令要改任軍裝，這位警員就會被視作降職，稱為
「燉冬菇」，因為他又要戴上那頂形似「冬菇」的軍帽。後來這詞語日漸普

及，除警隊以外，只要是遭到降職，都叫作「燉冬菇」。

可能大家還會問，那為何是「燉冬菇」，而不是「煲冬菇」或「炆冬菇」呢？據說是因為「燉」和「褪」（tan3）的讀音相近，有倒退的意思，用來描述「降級」或「被貶」最好不過。由此可見，「燉冬菇」一詞雖然涉及食物，但跟飲食業和各式菜餚沒有半點關係，只是取其形似和諧音而已。

● 報章提及電視台高層調職，也用上「燉冬菇」一詞，可見這詞語已由警界普及至社會不同層面，成為港人口中的常用詞。（《華僑日報》，1989 年 7 月 9 日）

● 蓬瀛仙館是昔日旅遊勝地，齋菜廣受歡迎。（《大公報》，1959 年 12 月 19 日）

我和美食有個約會

美食遊蹤

❶ 生記飯店

地址：灣仔軒尼詩道 107 至 115
號協生大廈 1 至 2 樓（港鐵灣仔
站 A2 出口，步行約 1 分鐘）

1976 年創立於灣仔道，名叫「生
記號」，輾轉搬至現址，是傳統
粵菜食肆，招牌菜有鹽焗雞、生
炒骨等，獲米芝蓮推介。其中百
花釀鮮菇小唐菜，為美食家所介
紹。須留意舖面不顯眼，因飯店
位於商住大廈的二樓。

● 生記飯店

❷ 蓬瀛仙館齋廚

地址：粉嶺百和路 66 號（港鐵粉
嶺站 B 出口，步行約 12 分鐘）

蓬瀛仙館源於廣州三元宮，1929
年由多位道長創立於粉嶺，之後
陸續增建，始有今日規模。其環
境清幽，古色古香，遊客和善信
在參觀之餘可以在齋廚順道品嚐
齋菜，當中蓬瀛會上素、鮮菇腐
球扒時蔬、杏鮑菇扒蘭花等均菇
味濃郁，清香美味。

● 蓬瀛仙館

「打工仔」聞之色變的「炒魷魚」

1965 年《華僑日報》新聞用上「炒魷魚」形容解僱員工

· 解釋 ·

炒魷魚 // 被解僱、被開除、被裁員

· 例句 ·

老闆厲聲警告下屬:「如果你們再次犯下大錯,就會被炒魷魚。」

· 同義詞 ·

豉椒炒魷　食「無情雞」　執包袱走人

被開除為什麼叫「炒魷魚」呢？又為什麼偏偏是「炒魷魚」，而不是「炒鱔糊」、「炒排骨」、「炒芥蘭」呢？要弄清當中的來龍去脈，我們先要從舊社會的僱傭關係說起。昔日流行學徒制，員工又稱為「學師仔」，即邊做邊學

● 椒鹽鮮魷

的廉價勞工，僱主會「包食包住」，為這些員工提供食宿。當然「包食包住」流行的另一個原因，是廣州或香港這些較為較繁盛的城市，有不少從鄉間到來的外地打工人，他們離鄉別井，無處容身，情況就如同今日來港工作的外傭，僱主都要「包食包住」，讓他們在上班的地方留宿。昔日的店舖多是前舖後居，即屋的前方是營業的舖面，後面既是貨倉或廚房，也是店主與伙計同住的房間或閣樓。

雖然僱主會「包食宿」，但工人也要攜帶輕便行李。除衣服外，睡覺用的竹蓆和棉被都屬貼身之物，「打工仔」也要自備。因此，當老闆解僱員工時，會叫工人「執包袱走人」。也由於個人行李中以被鋪體積最大，工人離開時，要將被和蓆捲起，其形態就像炒熟的魷魚片一樣，捲曲成筒狀，被解僱也因此稱為「炒魷魚」。煮過炒魷魚這道菜的人就會知道，在下鑊之前每片魷魚都是平直的，但下鑊後隨著熱力上升，魷魚就會慢慢捲起來成為圓筒狀，就像捲起的被鋪。

「炒魷魚」之所以流行，是因為被解僱不是一件光彩的事，無論僱主還

是僱員都會儘量避免提起這個敏感和不吉利的詞語，於是就發明了這個隱晦的代名詞。當然，「炒魷魚」一詞流行以後，漸漸變成「隱無可隱」，於是又以更隱晦的「豉椒炒魷」取而代之。當然，如今「炒魷魚」除解作「被辭退」外，也有人將員工主動辭職稱為「炒老闆魷魚」，從中也可看到社會世態及勞資關係的變化。

順帶一提，另一種老闆解僱員工的說法，就是請員工吃「無情雞」。話說昔日店舖多是包食宿的，老闆和員工會一起進食。按傳統慣例，店舖會於農曆每月的初二及十六「做禡」，預備較好的餸菜以慰勞員工，當中最重要的是農曆十二月十六日的「尾禡」（一年中最後一次做禡）。這次聚餐也是老闆總結一年業績後決定是否裁員的日子。老闆捧上「雞」這道菜時，會以雞頭對著被解僱的員工。在歲晚收爐時向員工們送上被解僱的噩耗，實在是不近人情的做法，故坊間稱之為「請食無情雞」。

● 1936 年報章已介紹請吃「無情雞」的習俗（《天光報》，1936 年 1 月 16 日）

我和美食有個約會

美食遊蹤

❶ 生記飯店

地址：灣仔軒尼詩道 107 至 115
號協生大廈 1 至 2 樓（港鐵灣仔
站 A2 出口，步行約 1 分鐘）

1976 年創立於灣仔道，名叫「生
記號」，輾轉搬至現址，是傳統
粵菜食肆，提供經典廣東小菜，
招牌菜有鹽焗雞、生炒骨等，獲
米芝蓮推介。縱使香港人對「炒
魷魚」有忌諱，但仍愛點豉椒炒
魷魚。

● 生記飯店

❷ 鳳城酒家（禮頓道）

地址：銅鑼灣禮頓道 30 號地下
（港鐵銅鑼灣站 A 出口，步行約 3
分鐘）

創辦於 1954 年，由名廚馮滿師
傅等人集資創立，今已發展為集
團式經營，提供傳統粵菜和順德
菜，屬懷舊中式食肆。八寶鴨和
招牌炸子雞等均受歡迎，順德小
炒王的韭菜和魷魚炒得恰到好處。

● 鳳城酒家（禮頓道）

「食軟飯」——盅頭飯與碼頭工人

1933年《工商日報》將「食軟飯」和「戴綠帽」相提並論，都是男人之恥。

· 解釋 ·

食軟飯 // 指遊手好閒，依靠女人過活的男人，或被包養的小白臉。

· 例句 ·

小張近期失業，沒有收入，太太變成家中經濟支柱，不少親友都在背後嘲笑他「食軟飯」。

· 同義詞 ·

食拖鞋飯 // 留在家中，終日穿拖鞋，不用上班工作。

阿姨我不想努力了 // 男生跟有錢女性結婚，希望不勞而獲（網絡潮語）。

部分網上資料指，「食軟飯」其實來自中國北方，而非廣東土產。這種說法指廣東俗語的「食軟飯」，其實是北方話「食女人飯」的諧音，將北方話的

● 1934年天光報用上「食軟飯」一詞

「女（nǚ）人（rén）」快讀，轉化為「軟 ruǎn」，廣東人聽在耳內，就成了「食軟飯」了。第二種說法則為一個繪影繪聲的故事，指昔日一名富有的老寡婦包養了一個年青俊美的小白臉，某天兩人在食肆時，侍應問那男士：「兩位想吃硬點，還是吃軟點？」男的知道老寡婦牙齒不好，就選擇「吃軟的」。侍應笑道：「老太太吃軟的，小伙子也吃軟飯啊！」軟飯一詞就由此而來。不過，上述兩種說法都未有文獻作為證據，來自北方話的說法略嫌牽強，由個別人物的言行演變為民間常用語的可能性也疑點重重，故在此不予採納。

據香港掌故專家韋基舜在《掌故筆記（3）：食得是福》一書所言，「軟飯」一詞的典故其實來自昔日上環三角碼頭的苦力。話說1920年代的香港，從事體力勞動工作的苦力，每天早上都要吃飽才有足夠能量從事搬運工作，所以茶居和大牌檔的糯米雞、大包、盅頭飯等重量級的食物，最受歡迎，其中盅頭飯是眾人至愛。

不過，從事體力勞動的，不是來者不拒，逢「飯」必好，而是「受硬不受軟」。因為硬飯水分少，同樣體積的飯所含的白米分量較多，熱量較充足，可以充飢；軟飯則水分較多，米飯吸水之後發脹，同一盅飯所含的白米

其實較少，吃後肚子雖然脹脹的，但很快就會飢餓。昔日工人早茶時或會連吃兩三碗飯，待黃昏收工時再吃東西。因此，當工人吃到「軟飯」時，就會向店主或侍應抱怨：「吃軟飯！你以為不用開工嗎？」久而久之，「軟飯」就變成遊手好閒或不用上班者的代名詞了。

所謂「人同此心，心同此理」，1930年代的上海工人也有類似喜好。長期在中國生活的日本人內山完造撰有《活中國的姿態》一書，記述上海的車夫、轎夫、船夫等，早上都不會買剛煮好的熱氣騰騰的白粥，而是守在附近，待白粥賣剩不到一半，再圍過來爭先恐後地買粥吃，原因就是剛出鍋的粥，味雖好但較稀；而冷一點的粥較稠，頂得住飢餓，其道理就跟香港碼頭的苦力工人愛吃硬飯一樣。

時至今日，盅頭飯不再只限早市提供，食客吃盅頭飯也不再只為頂肚餓，而是喜歡當中的飯香和油香，進食時也是多人分甘同味，而非一人一盅。

● 盅頭飯

我和美食有個約會

美食遊蹤

❶ 元朗泗記

地址：元朗建業街 59 號聯發洋樓地下
5 號舖（港鐵元朗站 B 出口，步行約 10
分鐘）

1962 年創辦於大棠道冬菇亭的大良泗
記，其中一位家族成員於 2016 年自立
門戶，開設此店舖。設計以懷舊為主
題，古董風扇、舊式地磚，令人發思古
之幽情。以新鮮腩排製作傳統排骨盅頭
飯，所用的是本地豬肉，肉味香甜，肥
瘦相間，不需太多額外調味。

● 以懷舊為設計主題的元朗
泗記

❷ 三合茶室

地址：彩虹牛池灣街市熟食中心 2 樓 1
至 2 號舖（港鐵彩虹站 B 出口，步行約
2 分鐘）

有近 50 年歷史，原為區內舊式食肆，
後搬到 1987 年啟用的熟食中心，主力
經營早市和午市，提供各式點心，價廉
物美。排骨盅頭飯的米飯粒粒分明，排
骨肉汁豐富。

● 價廉物美的三合茶室

蛋散的悲歌——
美食淪落為「廢柴」的故事

報章介紹蛋散的製法（《華僑日報》，1957 年 11 月 6 日）

· 解釋 ·

蛋散 // 形容沒有用、膽小怕事、沒出息的小人物。

· 例句 ·

廣東口語：就憑你哋幾個蛋散，想搞掂單嘢？

書面語：單憑你們幾個沒出息的小人物，有能力辦妥這件事？

· 同義詞 ·

廢柴　粉腸

　　蛋散是一種用麵粉、雞蛋及豬油搓勻，再扭成細絲，下鑊油炸而成的食品。蛋散香脆可口，可直接食用，也可蘸麥芽糖吃，與煎堆、油角等同是傳統賀年小吃，屬廣東點心，在佛山一帶十分流行。

　　蛋散的材料有雞蛋，炸成後亦是蛋黃色，加上非常鬆脆，入口即化，一咬便散，故廣東人稱之為「蛋散」。正因蛋散鬆化，剛硬程度遠不及其他油炸點心，就像軟弱無用之人，膽小怕事、沒有出息、不成氣候，故坊間就以「蛋散」稱呼這一類小人物。

　　其實，「蛋散」是「蛋饊」的俗稱，「蛋散」本應寫作「蛋饊」，是「饊子」的一種。饊子由來已久，是一種用糯粉和麵扭成環形的油炸食品，背後跟寒食節的傳統大有關係。春秋時期，晉文公為紀念死於山火的名臣介子推，乃訂立寒食節（清明節前一兩天），其間禁火三天，人們只得事先準備一些不用生火烹調的食物，其中一種食物稱為「寒具」，也就是「饊子」。

　　話說春秋時期，晉文公曾經流亡在外 19 年，幸得一群忠臣義士，誓死追隨，終於奪得諸侯之位，成就霸業。就在流亡期間，晉文公三餐不計，患上重病，介子推無計可施下，割下自己大腿的肉，煮了一碗肉湯給他喝，令其病情大有起色。然而，晉文公登位之後，論功行賞之時，竟忘記了介子推，介子推便帶著母親隱居山林。晉文公得知此事後，心生悔意，卻遍尋不獲，便命人放火燒山，迫介子推現身。豈料介子推寧死不屈，抱著母親活活燒死於樹下。晉文公為紀念死於山火的名臣介子推，乃訂立寒食節（清明節前一兩日），禁火三天。

　　大家可能會問：寒具就是饊子，可有憑據？饊子與蛋饊（蛋散）同類，是否真有其事？且看明代李時珍《本草綱目·谷部》所言：「寒具即今饊子

也。以糯粉和面（按：麵），入少鹽，牽索紐捻成環釧之形，油煎食之。」從李時珍的記載可見，「饊」就是「寒具」，其所用材料、所呈外狀、鬆脆易碎的口感，均與蛋散同出一轍。可以斷言，「蛋散」的正確寫法是「蛋饊」，屬「饊子」類食物，又稱「寒具」，因廣東人加入雞蛋為材料，加上其易碎易散的特色，故名之為「蛋散」。

正因饊子（或寒具）歷史悠久，故歷代文獻多有提及，現略述一二如下：

來源	內文	分析
北魏《齊民要術》卷九	細環餅、截餅（按：環餅一名「寒具」；截餅一名「蠍子」）皆須以蜜調水溲面……令餅美脆。	提及寒具形狀像細環，又名細環餅，是香甜脆美的食品。
宋蘇東坡〈寒具〉	縴手搓成玉數尋，碧油煎出嫩黃深。夜來春睡無輕重，壓褊佳人纏臂金。	首句提及搓麵做饊子，再寫油溫火候，之後點出其深黃色以及如纏臂金的形狀。
明施耐庵《水滸傳》第二十三回	取些銀子與武大，教買餅饊茶果請鄰舍吃茶。	提及的饊子與餅同列，市場有售。

● 沙田翠園的蛋散

● 傳統糕餅店出售的蛋散

饊子是擁有千年歷史的古老食品，不同地區的饊子也會因地制宜，加入創意，故口味各異，形狀不同，材料變化萬千。淮安茶饊會加入紅糖、蜂蜜、芝麻等材料；回族的呈小圓柱形，加入紅糖、蜂蜜、花椒、紅蔥皮等；而廣東的蛋饊，就以麵粉、雞蛋和豬油搓好，把麵糰壓扁後放入油鍋去炸。

　　至於廣東人為何會加入雞蛋，據說是草根階層「窮則變，變則通」的智慧。有謂某年農曆年前，家家戶戶都準備好花生、芝麻、糖等餡料做油角和煎堆，一家窮人沒有錢買餡料，看著麵糰發愁，忽然靈機一動，隨手加入雞蛋；豈料製成饊子，酥軟香脆，入口即化，之後廣為流傳，直到今日。

● 獲米芝蓮推介的傳統餅店坤記糕品專家，已於 2023 年中結業。

我和美食有個約會

1 奇趣餅家

地址：旺角花園街 135 號地下（港鐵旺角站 B3 出口，步行約 4 分鐘）

創立於 1984 年的傳統唐餅店，仍保留傳統前舖後工場的格局，獲米芝蓮推介。除蛋散外，蛋撻、燒餅亦是不少食客必吃之選，其他唐餅如光酥餅、馬仔等也受大眾歡迎。該店曾與香港航空合作，在機上提供傳統中式餅食。

● 奇趣餅家

● 奇趣餅家出售的傳統餅食

❷ 翠園（新城市廣場）

地址：沙田正街新城市廣場一期 8 樓（港鐵沙田站 A3 出口，步行約 1 分鐘）

1970 年，美心集團以翠園的旗號，參與日本大阪萬國博覽會，由名廚王錫良在香港館內提供點心，打響名堂；翌年於尖沙咀星光行開設第一間翠園酒家，其後陸續加設分店。沙田翠園是少數仍保留點心車的酒樓，提供不少經典粵式點心，蛋散是其中之一。

● 翠園（沙田新城市廣場）

● 有見尖沙咀星光行第一間翠園酒家深受食客歡迎，星光食品公司（即今日美心集團）在 1971 年增設銅鑼灣分店。（《華僑日報》，1972 年 7 月 25 日）

「冬瓜豆腐」——解穢酒與喪葬風俗

● 報章報道電話公司貪污案時，引述證人供詞：「如果有乜冬瓜豆腐，我的老婆仔女點呀。」(《華僑日報》，1961年 11 月 10 日)

·解釋·

冬瓜豆腐 // 代表發生嚴重意外，遭逢不測之事，通常與死亡等不吉利的事情掛鈎，所以用上婉轉和間接說法。

·例句·

你為尋求刺激，經常冒險玩滑翔傘，萬一有什麼「冬瓜豆腐」，你家中老少怎辦？

·同義詞·

三長兩短　衫長褲短

「冬瓜豆腐」之所以代表死亡，原來跟辦理喪事後的「解穢酒」有關，所指的是當中一道菜式。民間忌諱死亡，不想將這個不吉利的詞語宣之於口，就用解穢酒內的一道菜式借代「死亡」之意。

遺體落葬後，出席喪禮的親友和家屬會一起吃一頓飯，稱之為解穢酒，此時子孫仍在守孝期間（而縐紅宴則是孝期完結，脫服以後才吃的）。在傳統解穢酒中，禁忌習俗頗多，現略述一二如下：

- 菜式共有七道（因先人去世後以七為單位計算日子，「頭七」、「三七」、「七七」）。

- 先吃糖水，先甜後鹹，象徵把後福留給後世子孫。

- 以齋菜為主，肉類較少。如果真的要吃肉，絕對不能用上牛肉，因為牛頭馬面是閻羅王屬下的鬼差，負責引領亡魂到地府接受審判，吃牠們同類的肉當然會得罪神明。

- 如要宴後吃生果，不宜吃蜜瓜（密密瓜）。

- 糖水不可以有蓮子（連子下黃泉）。

- 雞魚菜式必須去掉雞尾、魚尾（表示無後顧之憂，不用掛心後人）。

解穢酒中的齋菜雖然用料不拘，但一定要有「冬瓜」或「豆腐」兩種食材，因為冬瓜的瓜皮是青綠色，豆腐是白色，含有「一青二白」的意思。顧名思義，「解穢酒」除了安慰參與喪事的親友，也有去除污穢、洗去霉氣的含意，因為傳統中國人深信做「白事」之處都是污穢的。吃過冬瓜豆腐，參與者自然可以「清清白白」，霉氣一掃而空。正因解穢酒一定有「冬瓜」和「豆腐」，坊間就以此借代「死亡」，再引申為各種不吉利或意外之事。

我和美食有個約會

美食遊蹤

❶ 龍門樓志蓮素齋

地址：鑽石山鳳德道 60 號南蓮園池龍門樓（港鐵鑽石山站 C2 出口，步行約 6 分鐘）

位於下元嶺的南蓮園池龍門樓，為古色古香的仿唐木建築，由志蓮淨苑主理，用西式手法處理中式食材，效果創新，與身處環境構成強烈對比。

● 龍門樓志蓮素齋

● 古色古香的建築

❷ 東方小祇園

地址：灣仔軒尼詩道 241 號（港鐵灣仔站 A2 出口，步行約 4 分鐘）

由歐陽藻裳創辦於 1905 年的老店，香港歷史最悠久的素食餐館，有
「香港第一齋」之美譽。第一間舖設於堅道（已於 1980 年代結業），
後來於灣仔開設分店。及後彭氏家族入股，並經營至今。其芋頭酥
卷、黑松露錦繡炒飯、齋滷味和點心等均受歡迎。

● 東方小祇園

● 1941 年《華商報》報道東方小祇
園參與宋慶齡在 1941 年發起的
「一碗飯運動」，義賣炒飯，救助
抗日戰爭中的內地難民。

「呃鬼食豆腐」——從目蓮救母說起

· 解釋 ·

呃鬼食豆腐 // 本義是容易上當或受騙，後來引申為離譜至極、容易識破的謊言。

· 例句 ·

廣東口語：佢話自己見過外星人，邊有人會相信，呃鬼食豆腐咩。

書面語：他說自己見過外星人，哪有人會相信，想騙我上當嗎？

· 同義詞 ·

搵鬼信

坊間對「呃鬼食豆腐」一語的起源有多種說法，但都不盡不實，現臚列如下：

- 每年農曆七月十四日盂蘭節，鬼門關大開，鬼魂可以重返人間接受奉祀，品嚐祭品，一些人沒有錢買雞買肉，故以平價的豆腐代替，但鬼不會受騙上當，故「騙人」就是「呃鬼食豆腐」云云。

- 「呃鬼食豆腐」其實是「呃鬼食道符」。此說法認為要鬼吃豆腐等祭品，合理之極，不需要欺騙，所以「豆腐」應是「道符」的諧音。因為鬼魂害怕道士的符咒，所以難以欺騙他們食道符，引申為「鬼」都不會輕易受騙。

- 一個書生某夜遇鬼，那惡鬼要把他吃掉，故對鬼說自己已多天沒有洗澡，又酸又臭，難以下嚥，還建議那鬼吃鍋裏的豆腐。那鬼信以為真，放過書生，後來人們就用「呃鬼食豆腐」形容不可信的事情。

上述說法都沒有文獻根據，全屬一廂情願的推想，內容也非常牽強，前者以為豆腐的特點只是便宜，後二者與盂蘭節全無關係，當然未能把握「呃鬼食豆腐」的本義。其實，熟悉廣東俚語的人都會知道，「呃鬼食豆腐」本解作「容易上當和受騙」，再結合不同句式，表示「令人難以置信」的謊言。那麼為什麼會有容易受騙的「鬼魂」呢？「豆腐」又不是珍饈美食，為什麼會令鬼魂「容易上當和受騙」？

要明白「呃鬼食豆腐」的真義，就要從盂蘭節的起源說起，也就是佛教「目連救母」的故事。西晉時期，《佛說盂蘭盆經》傳入中國（敦煌石窟也收藏了佛教故事《大目犍連變文》），經文講述佛祖有弟子目連，其母在世時作孽太深，死後下地獄，墮進「餓鬼道」。目連施展天眼通，得見亡母變成

餓鬼，心有不忍，便以鉢盛飯，到地獄解救亡母。豈料食物一到唇邊，即化為火炭，未能入口，當然也無法進食，淪為餓鬼。目連向佛祖請示解救之法，佛祖便叫他在七月十五日設齋供僧以修無量功德（按印度習俗，雨季後僧人停止雲遊，安居一處三月以度過夏天，安居結束後寺院要供養僧人）。地府於當日大開鬼門關，准許餓鬼返回陽間接受世人供奉，目蓮母親方得以脫離餓鬼之苦。

大家要留意目連救母故事的一個重點，餓鬼之所以不能進食，全因食物一觸及嘴唇，就會化為炭火。因此，盂蘭節街頭拜祭（燒街衣）的祭品例必有豆腐、芽菜，並非因為價錢便宜，而是豆腐及芽菜的水分較多，不容易被火焚化，讓剛能進食的餓鬼較易適應。正因餓鬼喜愛豆腐這類「水性」食品，故哄騙他們進食是非常容易的，就像父母說苦茶或藥水的味道像糖果，以哄騙小孩一樣。久而久之，「容易上當和受騙」就稱為「呃鬼食豆腐」，後來再引申為荒誕之極、容易識破的謊言。

● 龍華酒店豆腐花

我和美食有個約會

美食遊蹤

❶ 龍華酒店

地址：沙田下禾輋村 22 號（港鐵沙田站 B 出口，步行約 12 分鐘）

於 1938 年開業，沙田園林式酒店，李小龍《唐山大兄》取景地點，馳名美食有沙田三寶，包括乳鴿、雞粥和豆腐花。

● 龍華酒店

❷ 廖同合荳品廠

地址：旺角廣東道 106 號（港鐵旺角站 C4 出口，步行約 4 分鐘）

百年老字號的豆品店，清光緒二十五年（1899）於廣州創辦，後遷往旺角奶路臣街，1961 年再搬到現址，保留舊式前舖後工場格局，店內陳設散發歷史韻味，麻石和水泥製成的招牌更是歷史見證，豆腐花、煎釀豆腐均受歡迎。

● 廖同合荳品廠

❸ 亞婆豆腐花

地址：大埔大光里 6 號 2A 地舖（港鐵大埔墟站 A1 出口，步行約 7 分鐘）

在大埔屹立已久，昔日由一位「亞婆」打理，今雖人面已去，但提供的冷熱豆腐花，依然香滑可口。沒有堂食，只可外賣或站在街邊進食，但仍無阻遠道而來的食客。

為什麼豆泥就是「Cheap 嘢」？

報章詳細介紹各種國內輸入的月餅，當中純正紅豆沙月、豆蓉月、玫瑰豆沙月等均採用豆蓉為餡料。（《大公報》，1974 年 8 月 20 日）

· 解釋 ·

豆泥 // 本義是形容品質低劣的下價貨品，後引申至質素差劣的表現或事物。

· 例句 ·

廣東口語：呢部電視機款式噉舊，豆泥貨色，搵鬼買。

書面語：這部電視機款式老舊，屬於劣質貨，難有顧客購買。

· 同義詞 ·

Cheap 嘢　下欄嘢　次貨　劣質　低級

　　「豆泥」一詞源自糕餅的餡料。舊日廣東人愛用豆來製作糕餅甜點的餡料，以紅豆、大豆、綠豆、豌豆等為原材料，煮熟曬乾後磨成粉末，加上油、糖等搓成，統稱為豆沙，又可叫作豆蓉、豆茸或豆泥。

　　眾所周知，紅豆、大豆、綠豆等都是廉價食材，當中又以黃豆最為便宜。廣東人因此愛用紅豆或黃豆製作「豆泥」（豆沙），作為月餅餡料，稱為荳蓉月餅；以綠豆蓉為餡料的，稱之為雞油月或雞蓉月（舊時炒綠豆蓉時會加入雞油）。及至清光緒十五年（1889），廣州連香樓開業，首創以蓮蓉作為酥餅餡料，其後又以蓮蓉製成月餅，大受歡迎。由於以蓮子製成的蓮蓉價格較為昂貴，

● 1966 年豆沙月餅廣告
（1966 年《香港年鑑》）

成為市民送禮和自用的主流貨色，以平價豆類煮成的「豆泥」月餅就成為了質素較次和味道稍遜的下價貨。久而久之，「豆泥」成為了價錢較平、檔次較低、質素較劣、難登大雅之堂的食物和貨品代名詞。

　　以豆類作為糕點餅食的餡料由來已久。南宋周密《武林舊事》提及的各式餡料，就有糖餡、豆沙餡、蜜辣餡、生餡、飯餡、酸餡、筍肉餡、麩覃餡、棗栗餡等十多種，當中豆沙餡正是豆泥。明末《廣東新語》卷十四〈食語〉提及「冬至為米糍，曰冬丸 …… 又有以梛子、以芝麻、以豆糝為餈者」，可見廣東人當時已用豆來製作餡料，放入湯圓、茶果、米餈之類的食物。

二毫子猪腸粉宵夜
舞小姐總唔算豆坭
亞彩口舌招尤被打　舞小姐要判罰

● 有舞小姐吃二毫子腸粉，被女工指「豆泥」，憤而打人。(《華僑日報》，1959年10月31日)

中秋佳節話月餅

● 報章指經濟不景，部分港人改買廉價的豆沙月餅，不因好味，而是因其價格較低，可見豆沙月在市民心目中屬下價、次等貨色。(《大公報》，1953年9月22日)

元朗大同老餅家
天然用料精工製

● 介紹大同老餅家月餅和禮餅的報道(《華僑日報》，1991年9月12日)

我和美食有個約會

美食遊蹤

❶ 大同老餅家

地址：元朗阜財街 57 號地下（港鐵元朗站 A 出口，步行約 9 分鐘）

1943 年創立於元朗大馬路，是家喻戶曉的老餅家，在灣仔、沙田、荃灣等地也設有分店，以老婆餅、雞仔餅最受歡迎。中秋時出售傳統豆沙月餅，在今日已是鳳毛麟角。老店霓虹招牌雖已被拆，但傳統上每年均會在門口豎立中秋牌樓，延續懷舊特色。

● 大同老餅家

❷ 美其香餅家

地址：長沙灣興華街 27E 號地下（港鐵長沙灣站 C2 出口，步行約 7 分鐘）

擁有 40 年歷史的老字號，自設生產工場，出售冬蓉素月、紅豆沙月、豆蓉月、陳皮豆沙月等傳統口味月餅，要了解何謂「豆泥」，不可錯過。

● 美其香餅家

「食白果」——人生到頭一場空

有難同當食白菓粥
地王動土反應出奇

1974 年《工商晚報》以「食白菓」形容股災後股票經紀的營業情況。

·解釋·

食白果 // 指徒勞無功，沒有收穫，白忙一場。

·例句·

廣東口語：嗰位地產經紀忙咗成日，一張單都開
唔到，今日就食白果啦。

書面語：那位地產經紀忙了一整天，卻未能促成
一宗買賣，今天是白忙一場了。

·同義詞·

得個桔　零雞蛋　白做　一無所獲

　　廣東話的「白果」就是銀杏，坊間以「食白果」比喻白白浪費一番心血，沒有成果。一種說法云「白果」一詞字面上有「『白』忙一場，沒有結『果』」之意；又有云食白果淡而無味，有如清水，一無所有。

　　銀杏最初被稱為「文杏」，又稱為「平仲」、「鴨腳」等，初為中國南方的野生植物，秦漢時期開始有人栽種，大規模種植在三國時期，而白果廣泛流行則是宋朝的事。有關銀杏的歷史文獻如下：

來源	內文	分析
西晉左思〈吳都賦〉	平仲桾櫏，松梓古度。	明代方以智《通雅·植物三》指：「平仲，銀杏也。」可見西晉文學作品已提及銀杏。
北宋梅堯臣〈鴨腳子〉	江南有嘉樹，脩聳入天插。葉如欄邊跡，子剝杏中甲。	從詩中內容可見，銀杏本來是江南的植物，其樹高聳入雲，人已懂剝銀杏之穀而食。
北宋歐陽修〈和聖俞李侯家鴨腳子〉	鴨腳生江南，名實未相浮。絳囊因入貢，銀杏貴中州。	銀杏又稱鴨腳，在北宋年間開始從江南進貢到首都汴京。
明李時珍《本草綱目·果部二》	原生江南，葉似鴨掌，因名鴨腳。宋初始入貢，改呼銀杏，因其形似小杏而核色白也。今名白果 …… 銀杏，宋初始著名。	在宋代已著名，明代已經將銀杏稱為白果。
清曹雪芹《紅樓夢》第六十三回	芳官 …… 左耳上單一個白果大小的硬紅鑲金大墜子。	白果在清代已是家喻戶曉的食物，故曹雪芹以此比喻書中人物所穿耳墜。

從上述資料可見，銀杏樹或銀杏果都是宋朝以後才流行，明代人稱之為「白果」，至於「鴨腳」一名的來歷，是因為那左右對稱的葉片很像鴨蹼。不過，網上不少資料說「白果」其實就是「雞蛋」，因「雞蛋」有「零雞蛋」的意思，比喻人們取得零分。網上資料還舉出證據，指清代吳趼人的小說《糊塗世界》第三回，記述故事中的角色伍瓊芳到酒家點菜時，點了一道菜叫「煨白果」，誰知「那兩個白果，還是雞蛋」。

然而，即使北方有人將雞蛋稱為白果，但有更多證據表明白果等於銀杏。上面提及明代李時珍《本草綱目》，已是權威說法之一，另外民國年間的文人學者如郁達夫（〈故都的秋〉）、葉聖陶（〈賣白果〉）、朱自清（〈說揚州〉）等都將銀杏稱為白果，例子比比皆是。現且舉 1934 年周作人文章〈白果樹〉為例：「賣白果的人一面口中唱道：糯糯熱白果，香又香來糯又糯……我的故鄉有很大的白果樹。它又稱銀杏。」退一步來說，即使北方有人將白果等同雞蛋，但廣東地區未有此說法。更重要的是，「考試食零雞蛋」是近數十年才有的，昔日的老廣東又怎會有此心思呢？簡而言之，廣東俗語「食白果」一詞所指的是銀杏，應無可疑！

● 佳佳甜品的白果
薏米腐竹糖水

我和美食有個約會

美食遊蹤

❶ 佳佳甜品
地址：佐敦寧波街 29 號地舖（港

鐵佐敦站 B1 出口，步行約 2 分鐘）

1979 年開業，經多次搬遷至現址，
專賣中式糖水，至今承傳至第二
代，獲米芝蓮推薦，價格相宜，除
白果薏米腐竹糖水外，芝麻糊、楊
枝甘露等也是不少人心水選擇。

● 佳佳甜品

❷ 地茂館甜品
地址：九龍城福佬村道 47 號地舖（港鐵宋皇臺站 B3 出口，步行約 4
分鐘）

擁有三十多年歷史的九龍城糖水舖，屬九龍城老字號，提供多元化選
擇，除腐竹薏米白果糖水外，合桃露、芝麻糊、杏仁蓮子百合等都是
客人心水之選。

● 地茂館甜品

● 地茂館供應各式美味甜品

「賣大包」——抵食夾大件

> 淘火醬油，再賣大飽
>
> 于所唔好執輸，今天淘化大同公司在工段會又賣大飽，賣醬油一支送一支。該公司工段期間醬油價已比平日打了個八折，買一送一是更加平了。據說，上次淘火賣大飽一天，即共銷出醬油一萬多支。

1954 年報章有關淘大醬油的廣告，可見將「賣大包」比喻為減價促銷、價廉物美，已是不少商號的慣用言詞。

·解釋·

賣大包 // 貨物大平賣、廉價傾銷

·例句·

廣東口語：嗰間新開張嘅酒樓，「賣大包」，大中小點通通半價，咪執輸。

書面語：那間酒樓剛開業，大平賣，各式點心一律半價，不要錯過。

·同義詞·

抵食夾大件　性價比高　大出血

昔日茶樓有「大包」這款點心，全稱雞球大包，其體積比一隻碗還要大，非常「飽肚」，又加入雞肉、叉燒等，餡料非常豐富，堪稱價錢便宜，「抵食夾大件」，所以廣東俗語以「賣大包」來比喻價廉物美，或商家不惜蝕本推出的貨品或服務。

大包何時出現？據說「賣大包」起源於1920年代，一直流行至今。香港第一代掌故專家黃燕清在1959年出版《香港掌故》中提到，1910年代的二厘館只提供包子、蝦餃、

● 1931年報章刊登的黎達天相士廣告一則，標題為「年晚賣大包」，意思是減價招徠客人。

燒賣三樣點心，當中包子有鹹甜兩種，鹹的一個三文錢，「十足今日什麼雞球大包」。從黃氏的描述可見，類似大包的「生肉大包」在1910年代已出現，但體積及不上大包，也不一定加入雞肉為餡料，當然也未稱為「大包」。

及至1920年代，當時廣州有茶樓為求吸引顧客，出售一種特製的大包子，包子有一個飯碗般大，餡料相當豐富，有雞肉、豬肉、筍粒等，其體積比普通的叉燒包、蓮蓉包和豆沙包大得多，故稱之為大包。由於大包價廉物美，接近半賣半送，大受茶客歡迎，低下階層更趨之若鶩，轉眼間成為窮人恩物、草根至愛的點心。

大包推出之初，只是一個噱頭，旨在帶旺茶樓生意，建立口碑，故原本計劃只賣數天，後來見大受歡迎，唯有硬著頭皮堅持下去。由於賣大包只有微利，而且售出太多，茶客已吃飽了，其他點心就無人光顧，一些茶樓就索性限量推出，每天只製作數次，故每當伙計從廚房拿出滿載大包的大蒸籠，

茶客就一湧而上，力求奪得心頭好，遲來者就只得望「籠」輕嘆。大包如此受歡迎，當然仿效者眾，成為各大小茶樓的新興點心。

賣大包最出名的首推廣州大同酒家。該酒家的大包遠近馳名，全因不惜工本，加入冬菇、火腿、鮮蝦和半隻熟雞蛋，餡料如此豐富，怎不大受歡迎？正因酒樓的大包聞名遠近，老闆就請人以大包為題，寫對聯一幅，從商情講到世情，成為一時佳話：「大包易賣，大錢難賺，針鼻削鐵，祇係微中取利；同父來少，同子來多，簷前滴水，何曾見過倒流。」其後，大同酒家到香港開設分店，店內也有寫上此對聯的鏡屏。

踏入 1970 年代，香港經濟起飛，茶樓文化也有所改變，從以往要求「抵食夾大件」，改為追求精緻美食和健康瘦身，大包作為勞動階層和窮人恩物的角色淡化，售賣大包的茶樓不斷減少，取而代之的是「迷你版」的雞包仔，要找有大包可吃的茶樓酒家絕非易事。然而，「賣大包」作為廣東俗語依然掛在新一代口邊，未有被時代的洪流淘汰。

● 提供大包的酒樓買少見少，幸好有點心專門店仍製
作大包（黃大仙中心包點先生）。

我和美食有個約會

美食遊蹤

❶ 蓮香居

地址：上環德輔道西 46 至 50 號（港鐵西
營盤站 A2 出口，步行約 4 分鐘）

碩果僅存的傳統酒樓，可找到焗盅和點心
車這類「瀕臨絕種」物品，以及令人回味
的老點心，難怪獲米芝蓮推介。

● 蓮香居

❷ 彩龍茶樓

地址：荃灣荃錦公路川龍村 2 號（乘
80 號專線小巴至川龍村總站，再步行
至茶樓）

● 荃錦公路川龍巴士站，由此
路入村即可找到彩龍茶樓。

由川龍村原居民開設，已經有五十多
年歷史，此茶樓是不少行山人士飲早
茶之處，二樓設有露天茶座，可欣賞
山景，無論拿碗筷、茶壺等也是自助
形式。附近還有端記茶樓，也受歡
迎。著名點心當然有雞球大包。注意
營業時間只到下午 2 時。

「認頭」竟然是指這個「頭」

● 1959 年《華僑日報》用「認頭」一詞表示足球隊出外比賽的開支已有人承擔責任。

・解釋・

認頭 // 泛指歸入某人名下，如認購、認領等，也引申為承認責任。

・例句・

認購 // 我很喜歡這次拍賣的一批紅酒，如果未有人「認頭」，就留給我吧！

承認責任 // 這次恐怖襲擊未有任何組織「認頭」，警方仍在追查真兇。

中國人食鱔的習慣由來已久，早在東漢末年醫學家張仲景的文章〈禽獸魚蟲禁忌並治〉有言「鱔不可合白犬血食之」；南北朝成書的《顏氏家訓·歸心》也提及「江陵劉氏，以賣鱔羹為業」；明代《金瓶梅》第四十回寫西門慶「落後又是一大碗鱔魚面（麵）與菜捲兒，一齊拿上來與胡僧打散」。

中國人喜歡食鱔，廣東人也不例外，炒食則清脆香爽，焗煮就滑

● 1962 年《大公報》用上「認頭」一詞，指未有人承擔球隊東方的經費。

且香，豉汁清蒸亦鮮味香濃，焗煲仔飯更是油香撲面，素為食家所推崇。除了對美味的追求，廣東人也深信吃鱔可以補身壯陽。中醫認為鱔性溫味甘，可補中益氣、補肝脾、除風濕、強筋骨，作為夏令進補佳品及男性滋補之物。

至於補身最好的，據說就是鱔中極品花錦鱔。昔日未有人工繁殖，花錦鱔只有野生，數量極少，可謂「一鱔難求」。此鱔肉質甘香、皮厚而油脂豐富，體型是芸芸鱔魚之中最大的，可長達一米以上，重五、六十斤，可遇而不可求，即使富甲一方，也未必可以吃得到。坊間認為花錦鱔的頭部藥用價值最高，具治療頭風、補身養腎之功效，是滋補的上品。據說，已故的食家唯靈、賭王何鴻燊等曾經以花錦鱔設宴，廣邀城中富豪和名人出席，成為一時佳話。

281

深水灣

發現大鱔王

長達八尺重幾及百斤

西人劑杜氏，竟于深水灣海山間近者，昨在其寓所附近，下輪鏈釣，以拾誇其假期，詎知竟釣出人意外之收穫，釣王一尾，長達八尺許，重幾及百斤，此大鱔王誠為香港所罕見者，鱔王身之圓經，固與尋常小兒之大腿云。

● 1949 年港島發現大鱔的新
聞。這種大鱔王今日恐已
絕跡香港了。

　　每逢酒樓食肆購得花錦鱔，就會私下通知熟客，讓他們及早認購。正因鱔頭異常珍貴，客人更會爭相「認頭」，先訂先得。於是，飲食界就有了「認頭」一詞，意思為認購，久而久之傳至不同行業，成為港人口頭用語。

　　所謂「鹿因茸死，獐以麝亡」，花錦鱔因其商業價值而被濫捕，已瀕臨絕種。時至今日，市面上出售的多為人工養殖，有產自本港的，有來自內地的，也有來自澳紐的，但都是一鱔難求。

我和美食有個約會

❶ 鏞記酒家

地址：中環威靈頓街 32 至 40 號
（港鐵中環站 D2 出口，步行約 3
分鐘）

鏞記除了燒鵝遠近馳名，也時有提
供花錦鱔，來貨多從廣西與越南交
界的河流捕獲，以傳統手法炮製
「野生花錦鱔皇煲」，肉汁豐厚，香
味濃郁。

● 鏞記酒家

❷ 尚興

地址：上環皇后大道西 33 號地下
（港鐵西營盤站 A1 出口，步行約 5
分鐘）

1950 年起家的老店，始創人孫振
光先生於上環潮州巷協助哥哥孫振
恭擺設街邊大牌檔，後來自立門
戶，搬入鋪位，吸引大量名人光
顧，影星周星馳、日本名廚西健一
郎等曾捧場，秋冬仍時有珠江花錦
大鱔的菜式。

● 尚興採用傳統食肆的宣傳方
法，門前貼上單張（右下方），
推廣生劏「珠江花錦鱔」。未知
此鱔是否已有人「認頭」？

策劃編輯	梁偉基
責任編輯	朱卓詠
版式設計	吳冠曼
封面設計	陳朗思
插圖繪畫	廖鴻雁

書　　名	香港飲食遊蹤
著　　者	黃家樑　區志堅　曾漢棠　黃朗懷
出　　版	三聯書店（香港）有限公司
	香港北角英皇道四九九號北角工業大廈二十樓
香港發行	香港聯合書刊物流有限公司
	香港新界荃灣德士古道二二〇至二四八號十六樓
印　　刷	寶華數碼印刷有限公司
	香港柴灣吉勝街四十五號四樓 A 室
版　　次	二〇二三年七月香港第一版第一次印刷
規　　格	特十六開（150 mm × 210 mm）二九六面
國際書號	ISBN 978-962-04-5289-5